JENNY STRÖMSTEDT

KINDER VERÄNDERN DIE WELT

AUS DEM SCHWEDISCHEN
VON LEENA FLEGLER

ILLUSTRIERT VON BEATA BOUCHT

EMF

EIN BUCH DER
EDITION MICHAEL FISCHER

• INHALT •

TÄGLICH VERÄNDERN KINDER DIE WELT

KINDER HABEN GRIPS. Kinder haben Mut. Kinder haben Rechte. Kinder verändern die Welt. Es gibt ein internationales Regelwerk, das sich „Kinderrechtskonvention" nennt, dem Schutz von Kindern dient und gewährleisten soll, dass ihr Überleben und ihre Entwicklung gesichert sind. Bei uns hat die Kinderrechtskonvention denselben Rang wie ein Bundesgesetz. Sie bestimmt unter anderem, dass Kinder das Recht haben, bei Fragen, die ihr eigenes Leben betreffen, angehört zu werden und mitzuentscheiden und dass sie ein Recht auf freie Meinungsäußerung haben. Das bedeutet, Kinder dürfen offen über ihre Ansichten sprechen und die Erwachsenen müssen ihnen zuhören.

In diesem Buch lernst du 17 Kinder kennen, die auf unterschiedliche Weise Spuren in der Geschichte und in unserer Gegenwart hinterlassen haben. Einige von ihnen lebten vor mehreren Hundert Jahren und konnten nicht ahnen, dass wir uns heute immer noch an sie erinnern würden. Die Dichterin Sor Juana beispielsweise lebte im 17. Jahrhundert; sie wollte sich als Junge verkleiden, weil sie nur so auf die Universität konnte. Dass sie fast 400 Jahre später noch als feministisches Vorbild gelten würde, war ihr bestimmt nicht klar. (Feminismus heißt unter anderem, sich dafür einzusetzen, dass Frauen und Männer die gleichen Chancen und Rechte haben.) Andere Kinder, wie Greta und Malala, engagieren sich für das Klima oder für ein Recht auf Schulbildung. Sie sind zu Leitfiguren für Hunderttausende Kinder geworden, die für eine bessere Zukunft kämpfen.

Dieses Buch enthält außerdem Geschichten von Kindern, die auf ein Problem gestoßen sind und es unbedingt lösen wollten, obwohl die Erwachsenen dachten, dass das nie funktionieren würde. Aber es funktionierte doch! Viele Kinder haben im Nachhinein Ehrungen erhalten und sind im Fernsehen und in Zeitungen erwähnt worden. Das ist aber nicht das Wichtigste. Das Wichtigste ist, fest daran zu glauben, dass man etwas bewirken kann – und dass eine bessere Welt möglich ist.

Einer der Jungen in diesem Buch heißt Liam. Er bereitete für die Obdachlosen, die in einem Park in der Nähe lebten, belegte Brote zu. Liam ist davon überzeugt, dass jeder zum Helden werden kann, wenn auch auf unterschiedliche Weise. Ein guter Anfang, sagt er, ist immer, andere so zu behandeln, wie man selbst behandelt werden will. Kinder können die Welt wirklich verändern. ◆

INES DE LA
EN MEXICO

GELEHRTE • DICHTERIN • KRANKENPFLEGERIN

JUANA INÉS DE LA CRUZ

GEBOREN WAHRSCHEINLICH 1648 • MEXIKO

JUANA INÉS DE LA CRUZ liebte Bücher. Schon als kleines Mädchen konnte sie sich nichts Schöneres vorstellen, als sich mit einem Buch hinzusetzen und in eine andere Welt einzutauchen. Sie wollte alles lernen – von Sternbildern über Dichtkunst bis hin zu Mathematik. Wenn sie darüber nachdachte, war das Lesen und Schreiben das Einzige, womit sie sich je beschäftigen wollte. Allerdings stand ihrem Traum, zur Schule und an die Universität zu gehen, etwas im Weg: Sie war ein Mädchen. Trotzdem war sie fest entschlossen, es zu schaffen!

VIZEKÖNIGREICH NEUSPANIEN

Juana kam vor fast 400 Jahren (wahrscheinlich 1648; eine Zeit lang dachte man, 1651) in einem Dorf in Mexiko zur Welt. Ursprünglich gehörte das Land indigenen Völkern, die dort schon lange lebten. Doch gegen Ende des 15. Jahrhunderts kamen die ersten großen spanischen Segelschiffe unter dem Kommando des Italieners Christoph Kolumbus über den Atlantik und beanspruchten Land und Reichtümer für sich. Bei Juanas Geburt war Mexiko-Stadt eine der Hauptstädte „Neuspaniens", das sich von den heutigen USA über Mexiko und weiter bis nach Zentralamerika erstreckte und auch mehrere karibische Inseln umfasste. Die Länder, die von den Spaniern erobert worden waren und wo nicht mehr die Einheimischen das Sagen hatten, waren jetzt sogenannte Kolonien.

Der spanische König lebte unterdessen weiter in Madrid und hatte alle Hände voll zu tun, um seine Macht zu sichern und in mehreren Kriegen auf dem europäischen Kontinent mitzumischen. In Neuspanien setzte er daher einen Vizekönig ein, der über die dortige Bevölkerung herrschte: über die indigene Bevölkerung, die Spanier selbst und später auch über die Kinder, Enkel und Urenkel der ersten spanischen Kolonisten. (Die gemeinsamen Kinder von Spaniern und Indigenen wurden Kreolen genannt.) Die Eroberer hatten zudem Menschen aus Afrika übers Meer verschleppt und setzten sie in den Kolonien als Sklaven ein. Auch viele einheimische Mexikanerinnen und Mexikaner mussten ihr bisheriges Leben aufgeben und stattdessen unter grausamen Bedingungen für die Kolonisten arbeiten.

Juanas Vater war ein spanischer Seemann, ihre Mutter Kreolin. Die beiden waren nicht verheiratet – damals ein Riesenskandal! Doch Juanas Mutter scheint für ihre Zeit eine ungewöhnlich starke Frau gewesen zu sein: Ihr war egal, was andere davon hielten, dass sie unverheiratet Mutter geworden war. Stattdessen schnappte sie sich ihre Kinder und zog wieder bei ihrem Vater ein, der ein Stück Land und eine Hazienda besaß. (Eine Hazienda ist ein mexikanisches Landgut, eine Farm.) Der Vater war zwar nicht wahnsinnig reich, aber er besaß eine Bibliothek, und zur Hazienda gehörte auch eine kleine Kirche. Wenn man damals zur guten Gesellschaft gehören wollte, musste man an Gott glauben und daran, dass die Kirche immer recht hatte.

WISSENSDURST

Irgendwann beschloss die Mutter, dass Juanas ältere Geschwister bei einer Hauslehrerin lesen lernen sollten. Da war Juana kaum drei Jahre alt und konnte nicht verstehen, warum sie nicht am Unterricht teilnehmen durfte. „Ich will auch“,

sagte sie. Die Lehrerin sah das kleine Mädchen nur stirnrunzelnd an. Doch Juana war wild entschlossen. Sie soll sogar geflunkert und behauptet haben: „Mama hat gesagt, dass ich mitmachen darf!“

Es dauerte nicht lang, dann beherrschte Juana das Alphabet – mit drei konnte sie schon lesen! Den Inhalt von Büchern verstand sie oft viel schneller als ihre älteren Geschwister.

Mit fünf konnte sie rechnen.

Mit acht schrieb sie ihr erstes Gedicht.

Tagsüber schlich sie sich in die Bibliothek, um in all den herrlichen Büchern zu schmökern. Bestimmt war sie manchmal auch sauer auf die Jungen in ihrer Umgebung, die weder so klug noch so wissbegierig waren wie sie und trotzdem von einem Studium an der Universität träumen durften. Immerhin ermunterte ihre Mutter sie, weiter zu schreiben. Eines Tages schickte Juana eine ihrer Geschichten bei einem örtlichen Wettbewerb ein – und gewann!

Jetzt war Juanas Wissbegierde vollends geweckt. Sie vertiefte sich in komplizierte Themen wie die griechische Philosophie. (Die Philosophie ist eine Wissenschaft, die vom Denken handelt.) Sie brachte sich eine Sprache namens Nahuatl – oder Aztekisch – bei. (Die Azteken waren eines der ursprünglichen großen Völker in Mexiko.) Als 13-Jährige begann Juana, kleinere Kinder in Latein zu unterrichten. Sie selbst durfte immer noch keine Schule besuchen, sie war ja ein Mädchen.

Zu Juanas Zeit sollte eine Frau heiraten, Kinder kriegen und den Haushalt führen, damit sich der Ehemann seiner Arbeit, der Politik, dem Geldverdienen und der Wissenschaft widmen konnte. Juana schwebte zwar etwas anderes vor, als Essen zu kochen und Kinder zu hüten, aber fürs Erste blieb ihr nichts anderes übrig, als sich alles selbst beizubringen. Sie setzte sich Lernziele und war als Lehrerin sehr streng mit sich. Beispielsweise nahm sie sich vor, pro Woche eine bestimmte Anzahl Buchseiten durchzuarbeiten; wenn sie die nicht schaffte, wollte sie sich ihre langen Haare abschneiden. „Mir schien“, schrieb sie später, „daß ein Kopf nicht mit Haaren geschmückt zu sein verdiente, der bar allen Wissens war [...].“

Juana war Teenager, als sich ihr Leben schlagartig änderte. Ihr Großvater starb, und ihre Mutter übernahm die Hazienda. Sie hatte in der Zwischenzeit einen neuen Mann kennengelernt, und schon bald würde Juana Halbgeschwister kriegen. Die Mutter hoffte, dass das Leben endlich ein bisschen leichter würde, wenn sie nicht mehr allein für alles verantwortlich wäre; nur eines lag ihr schwer im Magen:

Wie sollte Wunderkind Juana auf der Hazienda glücklich werden, wenn doch das Einzige, was sie wollte, ein Studium war?

Eines Tages bat Juana ihre Mutter um ein Gespräch, um ihr eine wichtige Frage zu stellen: „Wenn ich mich als Junge verkleide, könnte ich dann nicht an der Universität in Mexiko-Stadt studieren gehen?“ Ihr Wissensdurst war einfach riesig; trotzdem war diese Vorstellung unmöglich, und Juanas Mutter sagte Nein. Aber sie fragte ihre Schwester, die in Mexiko-Stadt lebte und in eine reiche Familie eingeheiratet hatte, und die Tante erklärte sich bereit, die belesene Juana bei sich in der Stadt aufzunehmen.

Es dauerte nicht lang, ehe die Mächtigen in Mexiko-Stadt Gerüchte hörten: Es gebe ein junges Mädchen, das so blitzgescheit sei, dass es jeden Mann in die Tasche stecke. Zudem sei es hübsch, fröhlich und nett – was zu jener Zeit die wichtigsten Eigenschaften für ein Mädchen waren. Jetzt wollten alle Juana kennenlernen. Sie selbst hätte lieber einfach weiter vor sich hin gelernt und geschrieben. Doch dann stellten Onkel und Tante sie dem Vizekönig und seiner Frau vor.

BEI HOFE

Juana war 16, als sie den Vizekönig – der Marqués genannt wurde – und seine Frau Leonor Carreto kennenlernte. Leonor suchte gerade eine neue Hofdame. Sie wünschte sich jemanden, der sowohl eine gute Gefährtin als auch eine spannende Gesprächspartnerin wäre. Sowie sie einander gegenüberstanden, war klar, dass Juana die Stelle bekam.

Von der ländlichen Hazienda an den königlichen Hof mit all seinen Verhaltensregeln und schicken Feierlichkeiten – das war für Juana eine echte Herausforderung! Sie wusste, dass sie den mächtigen Spaniern einiges beweisen musste, um als Hofdame akzeptiert zu werden. Sie gab ihr Bestes, um charmant und lustig zu sein. Briefe aus jener Zeit, die Juana an andere Höflinge schrieb, quellen über von Schmeicheleien. Sie glaubte, sich anbiedern zu müssen, denn nur wenn man sie mochte, würde man sie in Ruhe tun lassen, was sie wollte.

Eines Tages beschloss der Vizekönig, Juanas Wissen zu testen. Stimmte es wirklich, dass dieses Mädchen, das nie zur Schule gegangen war, so viel wusste, wie alle behaupteten? Feierlich beorderte er Juana zu einer Fragestunde. Gleichzeitig hatte er 40 Gelehrte aus dem ganzen Land eingeladen, die Juana zu Dichtung, Philosophie, Theologie und vielen anderen Themen befragen sollten. Juana soll sehr nervös gewesen sein – denn wer nie zur Schule gegangen war, war auch noch

nie abgefragt worden. Sie hatte auch nie mit jemandem ein Streitgespräch geführt. Jetzt konnte sie sich nur noch auf all das verlassen, was sie in Büchern gelesen hatte, und auf ihren eigenen Verstand.

Natürlich bestand sie die Prüfung! Nach der Befragung verkündete der Vizekönig, Juana habe sich geschlagen „wie ein stolzes königliches Kriegsschiff gegen ein paar armselige Schaluppen". Die Gelehrten waren schwer beeindruckt und Juanas Ruf verbreitete sich in ganz Mexiko. Sie fing an, auf Bestellung Gedichte, Theater- und sogar Musikstücke zu verfassen. Vizekönigin Leonor war ihr größter Fan, also wurde Juana zur Hofdichterin befördert, was in der damaligen Zeit für eine junge Frau sehr ungewöhnlich war.

Juanas Berühmtheit reichte sogar bis über den Atlantik. Nicht nur in Mexiko, auch in Spanien wollten jetzt alle ihre neuesten Gedichte lesen. Sie war eine Art Promi geworden. Besonders beliebt waren ihre Liebesgedichte, von denen sie viele ihrer Herrscherin Leonor Carreto widmete. Es gibt heutzutage Stimmen, die mutmaßen, dass Juana und Leonor Carreto ineinander verliebt gewesen sein könnten, aber bewiesen ist das nicht. Was allerdings klar ist: Bei Hofe stand Juana hoch im Kurs, und viele Männer hofften, der schönen, talentierten Hofdame einen Heiratsantrag machen zu dürfen. Doch Juana hatte nichts als Lesen und Schreiben im Sinn. Daher musste sie irgendwann eine Entscheidung treffen.

INS KLOSTER

Juana beschloss, ins Kloster zu gehen. Nonne zu werden schien für sie die einzige Möglichkeit, wie sie weiter selbstbestimmt leben, studieren und schreiben konnte. Heutzutage stellt man sich unter einem Kloster einen Ort vor, an dem Ordensschwestern in kargen Zellen ein einfaches Leben führen. Doch damals lebten sie weiter so, wie sie es gewohnt waren – zumindest, wenn sie aus feineren Familien kamen. Nachdem sich Juana den Schwestern des Heiligen Hieronymus

angeschlossen hatte, verfügte sie über eigene Gemächer, in denen sie sogar Besuch empfing. In ihrem Studierzimmer gab es Landkarten, Globen und der ganze Saal war wunderschön ausgeschmückt. Sor Juana besaß auch Musikinstrumente und rund 4000 Bücher, trug feine Kleider und Schmuck. („Sor" ist der spanische Titel für Nonnen.) Neben dem Studierzimmer lag ihr Schlafgemach. Sie musste nicht einmal selbst kochen und putzen; das übernahmen Bedienstete für die Nonnen.

Endlich konnte sie nach Herzenslust studieren und schreiben – und das, obwohl sie eine Frau war! Sie verfasste weitere Gedichte und Theaterstücke, studierte Musik, Philosophie und Naturwissenschaften. Sor Juanas Ruf lockte auch andere große Gelehrte und Künstler ins Kloster. Selbst aus Südamerika und Spanien kamen Menschen, um mit ihr zu sprechen. In ihrer Zeit als Nonne schrieb sie Texte, die in die Geschichtsbücher eingehen sollten.

Ein besonders bemerkenswertes Gedicht heißt „Erster Traum". Es handelt vom Universum und davon, wie alles zusammenhängt. In einem anderen Gedicht namens „Ihr albernen Männer" zeigte Juana auf, wie Männer sich Frauen wünschten – zum Beispiel niedlich und kokett – und sie dann wiederum dafür verachteten, sobald sie kokett auftraten. Nach Juanas Ansicht mussten Männer endlich verstehen, dass sie selbst dafür verantwortlich waren, wie sich Frauen ihnen gegenüber verhielten. Sie fand, es war höchste Zeit, solche althergebrachten Ansichten über Männer und Frauen zu überwinden.

Ihre Vorstellung von Emanzipation – der Gleichstellung der Frauen mit den Männern – rief Vertreter der Kirche auf den Plan. Als Antwort auf den Brief eines wütenden Bischofs verfasste sie ihren bekanntesten Text, der im Nachhinein als erstes feministisches Manifest der Welt bezeichnet wurde. (Ein Manifest ist ein Schriftstück, in dem zu gesellschaftlichem Wandel aufgerufen wird.) Juanas Manifest handelte von Frauenrechten. Aber auch andere Dinge machten sie wütend: dass beispielsweise der Mensch die Natur zerstörte und wie ungerecht die Spanier die indigene mexikanische Bevölkerung behandelten. Andererseits hatte sie selbst eine Sklavin, wie damals alle Damen aus der Oberschicht; darüber scheint sie weniger nachgedacht zu haben.

Irgendwann verlangte die Kirche von Juana, wegen ihrer Ansichten Kloster und Ordensleben zu verlassen, woraufhin sie antwortete: „Klugen Menschen wurde aus Neid immer schon mit Verachtung begegnet.“ Mit anderen Worten: Juana war erfolgreich, und sie war mutig – doch irgendwann ging es nicht mehr. Als der Vizekönig und seine Frau Leonor Mexiko verließen und nach Spanien zurückkehrten, war niemand mehr da, der Juana gegen den Zorn der Kirche hätte beschützen können. In ihren letzten Lebensjahren schlug sie daher noch mal eine komplett andere Richtung ein.

Juana stand erneut vor der Wahl: Entweder musste sie der Kirche den Rücken kehren – oder sie blieb im Kloster, gab aber ihre geliebte Bibliothek und die wissenschaftlichen Instrumente auf. Sie entschied sich für Letzteres. Sie schrieb keine Gedichte und Stücke mehr; sie, die immer nur hatte lernen wollen, konnte jetzt nur noch die Bibel studieren. Da widmete sie ihre Zeit lieber notleidenden Menschen. Womöglich war sie auch angesichts von Folterdrohungen vonseiten der Kirchenmänner eingeknickt – oder sie war wirklich so gläubig, dass sie sicherstellen wollte, nach ihrem Tod in den Himmel zu kommen.

1695 suchte die Pest den Orden heim. Die Pest – auch Schwarzer Tod genannt – ist eine Infektionskrankheit, die hauptsächlich durch Flöhe von Mensch zu Mensch übertragen wird. Obwohl Juana ihr eigenes Leben riskierte, pflegte sie die kranken Ordensschwestern im Kloster und erkrankte schließlich selbst. Als ihr dämmerte, dass es mit ihr zu Ende ging, schrieb sie einen letzten Brief an die anderen Schwestern. Statt Tinte benutzte sie ihr eigenes Blut. In dem Brief bat sie um Vergebung für Sünden, die sie gar nicht begangen hatte, die ihr die Kirche aber trotzdem vorwarf. „Ich, die Schlechteste von allen“ nannte sie sich in dem Brief.

Juana starb mit nicht einmal 50 Jahren. Ihre Schriften wurden von Kirchenvertretern verbrannt, damit sich die Nachwelt auch garantiert nicht mehr an sie erinnern würde.

Den Kirchenmännern – und auch Juana selbst – war jedoch nicht klar, dass es Abschriften gab, und so galt Juana 250 Jahre später als eine der größten Dichterinnen aller Zeiten. Ebenso wenig konnte man damals ahnen, dass Juana eines Tages zum großen Vorbild für Mädchen auf der ganzen Welt werden sollte, die heute ihr Recht einfordern, so zu sein, wie sie sind, und zur Schule zu gehen. ◆

ALPHABET
BRAILLE

ERFINDER • BLINDENLEHRER

LOUIS BRAILLE

GEBOREN 1809 • FRANKREICH

WENN DAS SCHLIMMSTE im Leben von Louis Braille nicht passiert wäre, wäre auch das Beste nie passiert! Ein Unfall in jungen Jahren führte nämlich dazu, dass er eine Schrift entwickelte, die es Blinden auf der ganzen Welt bis heute ermöglicht zu lesen – mit den Fingern.

UNFALL IN DER WERKSTATT

Louis Braille kam 1809 im französischen Dorf Coupvray vor den Toren von Paris zur Welt. Es waren harte Zeiten. Die Reichen beuteten die Armen aus. Frauen durften nur bestimmte Arbeiten ausführen und landeten für den kleinsten Fehltritt im Gefängnis. Kinder waren Gewalt und Misshandlungen ausgesetzt. Viele Männer wurden zwangsverpflichtet, in Kaiser Napoleons Armee in den Krieg zu ziehen.

Louis Brailles Familie hatte es da noch verhältnismäßig gut: Der Vater war ein erfolgreicher Sattler, der in seiner Werkstatt unterschiedliche Lederwaren herstellte. Als Louis gerade drei Jahre alt war, schlich er einmal allein in die Werkstatt. Er war neugierig, wie alle Kinder, und wollte wissen, womit sein Vater tagtäglich herumwerkelte. Da standen Bürsten in Eimern, und Sattlernadeln lagen auf der Werkbank. Schabemesser hingen an Haken. Louis wollte nur zu gern mithelfen, Pferdesättel herzustellen. Er kletterte auf eine Bank, um an das Werkzeug heranzukommen. Womöglich bekam er eine spitze Ahle zu fassen (damit sticht man Löcher ins Leder) – niemand weiß genau, wie sich der Unfall zutrug, aber wie es der Teufel wollte, stürzte Louis so unglücklich, dass er sich mit der Ahle am Auge verletzte.

Seine Eltern waren verzweifelt und wollten ihrem Sohn helfen, aber damals wussten die Ärzte noch nicht, wie sie Louis' Auge heilen konnten. Stattdessen wurde es immer schlimmer: Die Verletzung entzündete sich und griff auch auf das gesunde Auge über. Kein Medikament wollte helfen. Penizillin kannte man damals noch nicht, das wurde erst später entdeckt. Mit fünf war Louis vollständig erblindet.

Im 19. Jahrhundert war eine Behinderung keine leichte Sache. Wer nicht normal gehen, hören oder sehen konnte, wurde als minderwertig angesehen. Wer nicht so flink denken konnte wie andere, galt als Idiot. Louis' Eltern hörten von allen Seiten, dass es keinen Sinn hätte, den Jungen auf eine Schule zu schicken. Blinde wolle man nicht, sagte der Dorfschullehrer; sollten sie doch betteln gehen oder von Almosen leben (also von Geld, das reichere Leute den Ärmsten der Armen schenkten).

Doch Louis' Vater wollte für seinen Sohn eine bessere Zukunft. Er wollte nicht aufgeben, ehe Louis genauso gut lesen und schreiben konnte wie er selbst. Statt ihm Stift und Papier in die Hand zu drücken, schnitt er Holzklötze zu und versah sie mit Buchstaben aus Nagelköpfen. Damit konnte Louis die Buchstaben ertasten und zu Hause auf dem Küchenboden ganze Wörter legen. Als der Dorfpfarrer von Louis' Fortschritten erfuhr, bot er an, ihn zu unterrichten. Ihm war schnell klar, dass Louis genau wie andere Kinder zur Schule gehen sollte, und nach einigem Hin und Her sagte der Dorflehrer schließlich Ja.

Nur gab es da ein Problem. Damals existierten noch keine Schulbücher für Menschen mit Sehbehinderung. Stattdessen musste der Lehrer im Unterricht alles laut vorlesen. Zu Hause halfen Louis' Eltern und Geschwister ihm bei den Hausaufgaben – aber das meiste schaffte er ganz allein. Wer nicht selbst lesen kann, wird nämlich unerhört gut darin, zuzuhören und sich Dinge zu merken. Obwohl Louis – anders als seine Schulkameraden – nicht aus Schulbüchern lernen konnte, gehörte er zu den Besten der Klasse.

SCHULE IN PARIS

Louis war ein so guter Schüler, dass die Eltern beschlossen, einen Brief an eine der wenigen Blindenschulen in Frankreich zu schreiben und um Louis' Aufnahme zu bitten. *Das Institut Royal des Jeunes Aveugles* („Königliche Lehranstalt für blinde Jugendliche") in Paris hieß ihn daraufhin herzlich willkommen. Louis' Eltern wollten nur das Beste für ihr Kind. Die Ausbildung kostete keine Schulgebühren und ermöglichte es Louis, künftig für sich selbst zu sorgen.

Damals wollten viele nach Paris. Denn Paris war nicht nur die Hauptstadt Frankreichs, sondern der Mittelpunkt von ganz Europa. Hier kamen alle großen Denker zusammen, debattierten neue Ideen – oder vergnügten sich. Hier lag das Zentrum der Macht. Ein geflügeltes Wort aus jener Zeit lautet: „Wenn Frankreich hustet, erkältet sich Europa."; durch die Blume heißt das: Wenn jemand in Paris einen Streit anfängt, wird ganz Europa mit hineingezogen. Wie viel Louis von der Stadt mitbekam, als er dort lebte, ist schwer zu sagen. Was man allerdings weiß: Seine neue Schule war kein angenehmer Ort.

Louis war gerade mal zehn Jahre alt, als er seine Eltern in ihrem Heimatdorf zurückließ, um gemeinsam mit 60 anderen Jungen und 30 Mädchen zur Schule zu gehen. Das Schulgebäude war während der Französischen Revolution ein Gefängnis gewesen und lag unweit des Flusses Seine. Drinnen war es kalt und feucht, die Klassenzimmer waren stockfinster. Es gab kaum Lampen, obwohl viele der Kinder hell und dunkel unterscheiden konnten. Das Essen schmeckte weder lecker noch war es nahrhaft. Baden durfte man nur einmal im Monat. Manchmal war der Gestank unerträglich. Viele wurden krank.

Der Schuldirektor – Sébastien Guillié – war einer der führenden Augenärzte der Zeit. Aber er war auch ein grausamer, gemeiner Mann. Louis und die anderen Kinder hatten täglich 15 Stunden Unterricht, und sowohl in den Klassenzimmern als auch draußen auf dem Hof gab es Eisenketten, mit denen ungehorsame Schüler angekettet wurden. Ein Mädchen wurde so schlimm misshandelt, dass es monatelang nicht zur Schule gehen konnte. Erst ein paar Jahre später wurde der Direktor deswegen gefeuert. Hoffentlich wurde es für Louis und seine Schulkameraden danach etwas besser; aber man kann sich schon denken, dass er sich oft zu seinen Eltern und Geschwistern zurücksehnte.

Die Kinder wurden in allen möglichen Fächern unterrichtet: in Geschichte, Naturwissenschaften und in französischer Grammatik. Sie lernten, Körbe zu flechten, Bürsten zu binden und Musikinstrumente zu spielen. Louis war ein

Musterschüler. Den Lehrern zufolge war er gewissenhaft und fantasiebegabt – leider gab es an der ganzen Schule nur 14 Bücher.

In sein Tagebuch schrieb Louis: „Ich bin blind. Ich kann nichts sehen. Die schwierige Frage ist doch: Was kann ich da tun? Wie soll ich das lesen, was von Sehenden geschrieben wurde? Über Geschichte? Über Kunst? Über Medizin? Über Politik? Über Frauen und Männer? Über mich selbst?"

NACHTSCHRIFT

Als Louis zwölf Jahre alt war, kam ein ausgedienter Hauptmann der französischen Armee zu Besuch. Er hieß Charles Barbier und war ein Bekannter des neuen Schuldirektors. Charles hatte an mehreren Kriegen teilgenommen, und er hatte in kalten, dunklen Nächten auf dem Schlachtfeld erlebt, wie schwierig es da war, mit den Soldaten zu kommunizieren. Zettelchen konnte man nachts nicht lesen, und laut zu reden hätte die Aufmerksamkeit der Feinde erregt. Daraufhin hatte Charles ein System mit erhöhten Punkten auf Papier entwickelt: Je nachdem, wie die Punkte angeordnet waren, bedeuteten sie unterschiedliche Dinge. Jetzt konnten die Soldaten mit ihren Fingerkuppen „lesen". Die Schrift nannte sich Sonografie oder Nachtschrift.

Als der Hauptmann davon erzählte, war Louis Feuer und Flamme. Die Idee mit den Punkten war genial!

Mit den Fingerspitzen kann man Punkte nämlich viel leichter ertasten als die durchgezogenen Linien einer Reliefschrift. Doch in der Schulbibliothek waren hauptsächlich Bücher in Reliefschrift vorhanden: Da sind die Buchstaben ins Papier gepresst, sodass sie sich von der Buchseite abheben. Allerdings war auch Barbiers Sonografie aus Louis' Sicht alles andere als perfekt. Zum einen bestand die Schrift aus zu vielen unterschiedlichen Zeichen. Zum anderen standen diese Zeichen nicht für Buchstaben, sondern für spezielle Laute der französischen Sprache. Wenn Blinde auf der ganzen Welt in ihrer jeweils eigenen Sprache lesen und schreiben wollten, benötigten sie ein Alphabet.

Louis überlegte, wie er die Blindenschrift vereinfachen konnte. Dann nahm er allen Mut zusammen, sprach den Hauptmann an und schlug ein paar Verbesserungen an der Nachtschrift vor. Der Hauptmann war stinksauer. Niemand sollte von ihm verlangen, auch nur die kleinste Kleinigkeit zu verändern! Louis schrieb in sein Tagebuch: „Wenn meine Augen mir nicht von Menschen und Ereignissen, Überzeugungen und Kenntnissen erzählen wollten, musste ich einen anderen Weg finden.“

Jede freie Minute dachte Louis weiter über eine verbesserte Punktschrift nach. Als er in den Sommerferien nach Hause fuhr, beobachteten Nachbarn, wie er experimentierte, indem er mit einer Nadel ein Blatt Papier bearbeitete. Es sollte ganze drei Jahre dauern, bis Louis die neue, einfachere Nachtschrift entwickelt hatte. Unterdessen grassierte in Frankreich die Cholera, der beide Eltern zum Opfer fielen.

Jetzt hatte Louis kein Elternhaus mehr, in das er in den Sommerferien zurückkehren konnte. Ab sofort war die Schule sein einziges Zuhause.

SECHS PUNKTE

Im selben Jahr, in dem Louis 16 wurde, stellte er endlich die erste Version seiner Schrift fertig. Jedes Zeichen bestand aus bis zu sechs erhabenen Punkten in einem

senkrechten Rechteck. Die Punkte konnten auf insgesamt 63 unterschiedliche Arten arrangiert werden. Louis benannte die Schrift nach sich selbst – Braille – und veröffentlichte sogar mehrere Bücher darüber. Trotzdem wollten nur wenige Blindenschulen die neue Schrift einführen. Die Lehrer waren der Meinung, die alten, auf dem Papier erhöhten Buchstaben reichten aus – oder auch die alte Sonografie des Hauptmanns.

Doch nach und nach ruderten Louis' Kritiker zurück. Denn die Schüler selbst fingen an, in ihrer Freizeit die neue Schrift zu verwenden, weil sie so leicht zu lesen und zu schreiben war. Sogar der Hauptmann musste zu guter Letzt eingestehen, dass Louis' System besser war als sein eigenes. Louis wurde nicht müde, den Beitrag des Hauptmanns zur Entwicklung der neuen Weltsprache für Blinde zu betonen. 1849 führte man die Punktschrift an der Lehranstalt für blinde Jugendliche in Paris offiziell ein.

Louis Braille blieb sein ganzes Leben lang an der Blindenschule und unterrichtete dort als Erwachsener Musik, Mathematik und Erdkunde. Außerdem spielte er mit Begeisterung Kirchenorgel. Wenn die Gottesdienstbesucher aus dem Viertel sich in der Kirche umdrehten und zur Empore hochschauten, sahen sie oft den Rücken von Louis Braille, der sich über die Orgeltasten beugte.

Am 6. Januar 1852 starb Louis an Tuberkulose – nur zwei Tage nach seinem 43. Geburtstag. Er ahnte damals nicht, welche Bedeutung seine Punktschrift eines Tages für Sehbehinderte auf der ganzen Welt haben würde.

Eva aus Schweden erzählt, wie sich ihr Leben schlagartig veränderte, als sie als kleines Mädchen in der Schule die Brailleschrift lernte: „Die Punktschrift hat mich unabhängig gemacht. Als Teenager konnte ich mit dem Buch unter der Bettdecke nächtelang daliegen und lesen, ohne dass mich jemand dabei ertappt hätte. Und als ich von zu Hause ausgezogen war, konnte ich das richtige Gewürz oder die richtige CD selbst heraussuchen."

Heute ist die Punktschrift überall im öffentlichen Leben verbreitet: In der Apotheke bekommt man Schachteln, auf denen der Name des Medikaments auch in Braille gedruckt steht. In neueren Fahrstühlen findet man das Stockwerk in Braille neben dem Fahrstuhlknopf. Man kann eine „Braillezeile", ein spezielles Display, an den Computer anschließen und so digitale Texte in Braille lesen. Trotzdem müssen die Menschen mit Sehbehinderung immer noch dafür kämpfen, dass ihnen auch sämtliche gedruckten Texte zugänglich gemacht werden.

Louis wurde in seinem Heimatdorf begraben. Sein Elternhaus ist inzwischen ein Museum; in der Wohnstube sitzt auf einem Stuhl eine kleine Puppe, die

Louis darstellen soll. Meist hat die Puppe ein Buch auf dem Schoß, und die Finger tasten über die Seiten.

Auch wenn heutzutage immer mehr Blinde Computer besitzen, die Texte vorlesen und sogar Bilder beschreiben können, ist Louis Brailles Punktschrift selbst 200 Jahre nach ihrer Erfindung noch unübertroffen. ◆

Fig. 1.
INVENTORS:
Witnesses:

ERFINDERIN

MARGARET E. KNIGHT

GEBOREN 1838 • USA

ES WAR 1869, und die Frau, die eines Tages als produktivste Erfinderin der USA in die Geschichte eingehen sollte, konnte im Gerichtssaal kaum noch still sitzen. Sie war so wütend, dass ihre Augen blitzten. Der Mann auf der gegnerischen Seite hatte soeben behauptet, er sei derjenige gewesen, der die Maschine zur Herstellung von Papiertüten erfunden hatte. Dabei hatte Margaret die Maschine erfunden! Außerdem hatte er gesagt, dass Frauen von Technik doch gar nichts verstünden.

Gleich würde der Richter entscheiden, wer von beiden im Recht war. Ha, dachte Margaret, jetzt kommt die Wahrheit ans Licht. Von klein auf war sie nämlich eine ganz fabelhafte Erfinderin gewesen, und natürlich waren Mädchen genauso gut darin wie Jungs, Sachen zu auszutüfteln. Die Papiertütenmaschine war einzig und allein ihre Erfindung.

BASTELEIEN

Margaret war 1838 in einer Stadt namens York an der US-amerikanischen Ostküste zur Welt gekommen. Sie wuchs mit ihrer Mama Hannah, den Brüdern Charlie und Jim sowie Schwester Eliza auf. James, der Vater, war gestorben, als Margaret – die meist nur Mattie genannt wurde – gerade erst ein paar Jahre alt gewesen war.Weil die Mutter die Familie allein versorgen musste, arbeitete sie wie eine Wahnsinnige; trotzdem waren sie sehr, sehr arm.

Als Matties Papa James starb, hinterließ er eine Werkzeugkiste. Und die fand Mattie hochinteressant. Statt mit einer handgenähten Puppe zu spielen wie viele andere Mädchen zu jener Zeit, fing sie an, sich mit Hobeln, Meißeln und Hämmern

zu beschäftigen. Viele Jahre später erzählte Mattie, dass ihr immer schnuppe gewesen sei, was Mädchen angeblich mochten: „Ich wollte immer nur ein Klappmesser, einen Bohrer und Holzstücke."

Unter den ersten Gegenständen, die Mattie bastelte, waren ein Kreisel und ein Hampelmann, die sie ihren Brüdern schenkte. Sie erfand einen Fußwärmer für ihre Mutter, die bis spätabends wach blieb und nähte, um zusätzlich ein bisschen Geld für die Familie zu verdienen.

Wann immer Mattie eine neue Idee hatte, schlug sie zuallererst ihr Notizbuch auf, auf das sie „Meine Erfindungen" geschrieben hatte. Dann spitzte sie vorsichtig ihren Bleistift und skizzierte, was sie bauen wollte.

Eines Tages beobachteten ihre Brüder, wie andere Kinder Drachen hoch in den Himmel steigen ließen. Es war ein ganz besonderes Gefühl, auf dem Erdboden zu stehen und eine Schnur in der Hand zu halten, mit der man ein buntes Segel über Felder und Wiesen steuerte. So einen Drachen wollten die Brüder auch; allerdings konnten sie ihn sich nicht leisten. Also wandten sie sich an Mattie, die sofort anfing, Drachen zu entwerfen. Sie zeichnete Drachen mit einem riesigen Segel, Drachen mit einem kleinen Segel, federleichte Drachen und schwerere Drachen – bis sie zu guter Letzt zufrieden war und sich daransetzte, den Drachen zu bauen, den sie für den flugfähigsten hielt.

Die Brüder waren aufgeregt und vorfreudig, als sie den Drachen erstmals ausprobieren sollten.

Während einer von ihnen das Segel in den Wind hielt, nahm der andere die Schnur und fing an zu rennen. Im Nu stieg der Drachen höher und immer höher, und die Brüder konnten sehen, wie er hoch oben fröhlich mit dem Schwanz wedelte.

Unten auf der Erde starrten ihre Freunde neidisch hinauf. Wo hatten die Brüder diesen Drachen her?

Wahrheitsgemäß antworteten diese, den habe ihre Schwester gebaut.

Niemand glaubte ihnen. Das hatten sie ja noch nie gehört – als könnten Mädchen auch nur ein Buttermesser schnitzen!

Als der Herbst kam, setzte sich Mattie ans nächste Projekt. Sie wollte den schnellsten Schlitten der Welt bauen, damit ihre Brüder bei den Schlittenrennen im Winter gewannen. Sobald der erste Schnee auf dem Hügel lag, war es an der Zeit, den Schlitten zu testen.

Wie schnell sie waren! Die Brüder gingen aus jedem einzelnen Rennen als Sieger hervor.

Jetzt fragten die Freunde wieder neidisch, wer den blitzschnellen Schlitten entworfen und gebaut habe. Und nach und nach mussten sie einsehen, dass Mädchen sehr wohl Drachen und Schlitten bauen konnten. Mehrere Jungen gaben bei Mattie sogar Bestellungen auf. Nach der Schule eilte sie nach Hause, um diese Bestellungen abzuarbeiten, und verkaufte sie für je 25 Cent. Das Geld gab sie ihrer Mutter.

FABRIKARBEIT

Doch obwohl Mattie wie auch ihre Geschwister ihr Bestes gaben, um zum Einkommen der Familie beizutragen, waren sie immer noch arm. Eines Tages kam Matties Mutter nach Hause und verkündete, sie müssten in eine größere Stadt ziehen: nach Manchester. Und damit sie sich dort über Wasser halten konnten, hatte sie für sich selbst und die Kinder schon Arbeit in einer Baumwollspinnerei organisiert. Mattie war zwölf, als sie die Schule abbrach, um arbeiten zu gehen; das war in der damaligen Zeit für Kinder nicht unüblich. Viele Fabrikbesitzer stellten Kinder ein, weil sie ihnen weniger Lohn zahlen mussten als den Erwachsenen. Außerdem waren kleine Kinderhände besser geeignet für bestimmte Handgriffe, die Erwachsene nicht ausführen konnten.

Im 19. Jahrhundert zogen zahllose Menschen, die zuvor in der Landwirtschaft gearbeitet hatten, in die großen Städte, um in Fabriken zu arbeiten, wo alles Mögliche hergestellt wurde: von Stoffen über Seifen oder Werkzeug bis hin zu Streichhölzern. Die Leute leisteten Knochenarbeit – von frühmorgens bis spät am Abend. Die Fabriken selbst waren laut, düster und vor allem gefährlich. Von einem anderen Mädchen, Mary Paul, die nur ein paar Jahre älter als Mattie war, ist ein Brief überliefert, den sie im Dezember 1845 nach Hause an ihren Vater schrieb. Darin erzählte sie von den jüngsten Ereignissen in ihrer Baumwollspinnerei:

> *Lieber Vater,*
> *dein Brief kam am Vierzehnten an, und ich habe mich sehr gefreut! Mir geht es gut, was ein Trost ist. Ich bin wohlauf und am Leben, was man von anderen nicht sagen kann. Am Donnerstag ist ein Mädchen vor der Fabrik auf dem Eis ausgerutscht und hat sich bei dem Sturz das Genick gebrochen. Am selben Tag geriet ein Mann unter die Eisenbahnwaggons. Ein anderer Arbeiter hat sich sämtliche Rippen gebrochen, und ein weiterer wäre fast umgekommen, als ein Ballen Baumwolle auf ihn fiel.* [...]

Um Sicherheit scherten sich die Fabrikbesitzer nicht. Wenn ein Arbeiter sich verletzte oder starb, gab es zig andere arme, arbeitslose Menschen, die jeden Job übernommen hätten.

Matties Familie stand außer sonntags jeden Morgen um halb fünf auf und arbeitete bis halb acht Uhr abends, wobei sie für das Mittag- und Abendessen je eine kurze Pause einlegten. Für eine Zwölfjährige war das ein harter Alltag – aber den übrigen armen Familien in der Stadt ging es kein bisschen anders. Matties Nachbarn hatten eine Tochter namens Rebecca, die ebenfalls in der Fabrik arbeitete und mit der sich Mattie anfreundete. Die beiden konnten über alles reden. Oft klagten sie über die grässliche Arbeit in der Fabrik, und sie machten sich Sorgen, weil sich dort so viele Kollegen verletzten.

Mattie, die sich sehr für Technik interessierte, durchschaute nach und nach, warum es zu so vielen Unfällen und sogar Todesfällen kam: Es lag am „fliegenden Weberschiffchen". An einem Weberschiffchen (oder Schützen) sitzt der Faden, aus dem Stoffe gewebt werden. Das „fliegende Weberschiffchen" war eine bahnbrechende Erfindung gewesen, weil damit viel schneller gewebt werden konnte. Jetzt schaffte eine einzige Person genauso viel Stoff wie zuvor fünf Arbeiter mit einem herkömmlichen Schiffchen. Doch je schneller der Webvorgang, umso gefährlicher war er für die Arbeiter. Mattie hatte mit eigenen Augen gesehen, wie das Schiffchen davonschoss, wenn mal ein Faden riss. Wer immer da gerade im Weg stand, riskierte lebensgefährliche Verletzungen.

Es kam, wie es kommen musste: Eines Tages stand Rebecca neben ihrer Webmaschine und schlug mit einem Paddel das Weberschiffchen hin und her. Doch plötzlich geriet es außer Kontrolle. Rebecca wurde am Kopf getroffen, es

flimmerte ihr vor den Augen und mit schlimmen Schmerzen ging sie zu Boden. Sie war schwer verletzt.

Mattie war außer sich vor Sorge und Wut, als sie hörte, was geschehen war. Als sie nach dem langen, anstrengenden Arbeitstag nach Hause kam, griff sie zu ihrem Notizbuch.

Wie konnte es sein, dass das Schiffchen derart aus der Bahn geriet, sobald sich der Faden löste? Und was konnte man tun, um abzuwenden, dass daraus ein tödliches Geschoss wurde? Sie grübelte und zeichnete, und nach wenigen Wochen hatte sie die Lösung: ein Stück Blech, das verhinderte, dass das Schiffchen aus der Webmaschine herausschnellte, wenn der Faden riss.

Mattie beschloss, ihrem Vorarbeiter davon zu erzählen, und der fand die Idee glänzend! Der Vorarbeiter ging mit der Zeichnung zum Fabrikbesitzer, und kurze Zeit später rückten Handwerker an und montierten Bleche an sämtlichen Webmaschinen. Und zwar nicht nur in dieser Fabrik – sondern in sämtlichen Fabriken in Manchester!

Im Nu wurde Matties Erfindung in Textilfabriken in den ganzen USA eingesetzt. Sie rettete zahlreiche Menschenleben – und doch ahnte niemand, dass die Erfindung Matties Verdienst war. Mattie bekam dafür auch kein Geld. Sie selbst war zu jung, und ihre Mutter wusste nicht, dass sie auf die Konstruktion ein Patent hätte anmelden können. Ein Patent ist der schriftliche Beleg, dass eine bestimmte Person eine Idee hatte, die von anderen nicht kopiert oder zu Geld gemacht werden darf. Bis heute weiß niemand genau, wie Matties Bleche funktioniert haben. Die Zeichnungen sind nicht mehr auffindbar, und auch später hat nie jemand ein Patent darauf angemeldet.

GEISTESBLITZ

Mattie arbeitete noch eine Zeit lang in der Fabrik, doch dann ging der Preis für Baumwolle in den Keller, und der Fabrikbesitzer konnte sich die vielen Arbeiter nicht mehr leisten. Nachdem sie erst ein paar andere Jobs ausprobiert hatte – als Fotografin und Reparateurin –, erfuhr Mattie, dass in einer Papiertütenfabrik in einer Stadt namens Springfield Arbeiter gesucht wurden. Dort wollte sie hin.

Früher waren Papiertüten von Hand hergestellt worden. In dieser Fabrik jedoch schnitt eine Maschine von langen Papierrollen kleinere Stücke ab, faltete sie und verklebte die Kanten. Die fertigen Tüten sahen etwa so aus wie große Briefumschläge. Mattie fand sie fürchterlich unpraktisch, weil sie keinen Boden hatten und nicht allein stehen konnten. Wenn man einkaufen war, musste man die Tüte mit der einen Hand festhalten und mit der anderen die Einkäufe einpacken. Außerdem rissen die Tüten leicht, wenn man sie mit schwereren Dingen wie Mehl oder Konservendosen befüllte.

Mattie überlegte, wie sie die Tüten verbessern konnte. Tagsüber beäugte sie die Maschinen in der Fabrik, und abends setzte sie sich zu Hause hin und skizzierte Maschinen für Tüten mit flachem Boden.

Dann baute Mattie mithilfe des alten Werkzeugs aus der Werkzeugkiste ihres Vaters ein Holzmodell. Als sie die neue Maschine erstmals in Gang setzte, kam dabei ein einziges Kuddelmuddel heraus. Doch Mattie löste das Problem, und plötzlich spuckte das einfache Holzmodell eine Tüte nach der anderen aus. In den folgenden Wochen nahm sie Verbesserungen an ihrer Erfindung vor, bis sie zu guter Letzt Tausende Tüten produziert hatte: alle mit flachem Boden, und keine davon ging kaputt, wenn sie mit schweren Einkäufen gefüllt wurde!

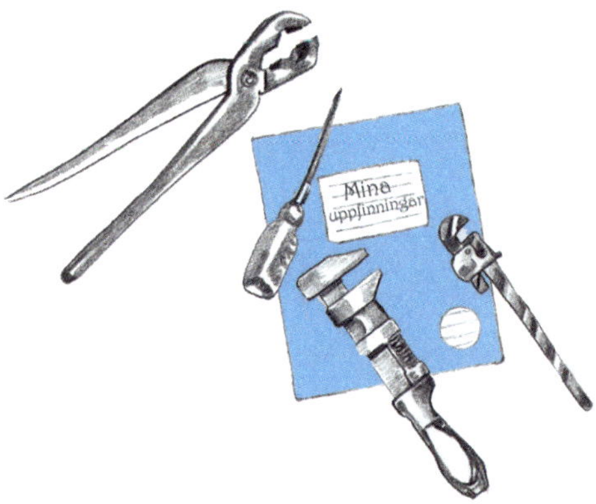

Zwei Jahre lang arbeitete Mattie am Feinschliff. Dann war es an der Zeit, eine echte Maschine aus Eisen zu bauen. Mattie kratzte all ihre Ersparnisse zusammen und zog in die Großstadt Boston. Dort sprach sie bei einem Fabrikanten vor, der Maschinen baute, und zeigte ihm ihre Zeichnungen.

„Oh", sagte er, „diese Erfindung könnte sich wirklich bezahlt machen. Am besten gehen Sie sofort nach Hause zu Ihrem Mann und erzählen ihm, was Sie herausgefunden haben."

„Ich habe keinen Mann, und die Maschine habe ich selbst entwickelt", entgegnete Mattie.

Schon wieder ein Mann, der behauptete, Frauen könnten keine Maschinen erfinden!

Doch Mattie ließ sich nicht abwimmeln.

DIEBSTAHL!

Der Fabrikbesitzer war nicht der Einzige, der sofort erkannte, dass da gerade etwas Hochspannendes geschah. Es dauerte mehrere Wochen, bis die erste Maschine fertig gebaut war. In der Zwischenzeit schlich sich ein anderer Erfinder in der Fabrik ein und machte sich heimlich Notizen. Der Mann hieß Charles F. Annan und war ein richtiger Fiesling.

Noch bevor Mattie auch nur ahnen konnte, was da im Busch war, hatte er ihre Pläne kopiert. Und als Mattie aufs Patentamt ging, um ihre Erfindung patentieren zu lassen, erfuhr sie zu ihrer Verwunderung, dass für eine solche Maschine bereits ein Patent angemeldet worden war, und zwar erst kürzlich – eine knappe Woche zuvor! Charles F. Annan hatte ihre Idee gestohlen und sie als seine ausgegeben! Mattie verstand die Welt nicht mehr. Doch dann wurde sie so wütend wie noch nie in ihrem Leben. Das würde sie sich nicht bieten lassen! Obwohl sie kaum noch Ersparnisse hatte und niemand damit rechnete, dass eine Frau es wagen könnte, einen Mann vor Gericht zu zerren, nahm sie sich einen Anwalt und zeigte Charles F. Annan an.

Der Gerichtsprozess zog sich über 16 Verhandlungstage, bis es schließlich so weit war und der Richter entscheiden sollte, wem das Patent zugeschlagen würde. Vor der Verhandlung hatte Mattie all ihre Entwürfe und Skizzen zusammengetragen, und frühere Arbeitskollegen hatten im Zeugenstand ausgesagt, dass Mattie ihnen in den Pausen in der Papiertütenfabrik von ihren Ideen erzählt habe. Matties Vermieter berichtete, wie Mattie bis spätnachts an ihrem Modell gearbeitet habe.

Charles F. Annan wiederum hatte nur einen einzigen Einwand vorgebracht: dass Frauen doch keine Maschinen bauten!

Natürlich können Frauen Maschinen bauen, hatte Mattie erschöpft gedacht und auf den Richterspruch gewartet. War das denn so schwer zu begreifen?

Als der Richter mit ernster Stimme verkündete, wer die Rechte an der Erfindung bekommen würde, hörte Mattie vor schierer Erleichterung kaum noch, was genau er sagte. Sie hatte gewonnen! Der Richter hatte geurteilt, dass Charles F. Annan ein Betrüger sei und dass Frauen selbstverständlich alles Mögliche erfinden könnten.

Im folgenden Jahr gründete Mattie ein eigenes Unternehmen, die Eastern Paper Bag Company. Ihre Papiertüten wurden in den USA und sogar in Europa benutzt! Die Tüten mit dem flachen Boden waren so erfolgreich, dass sie bis heute verwendet werden.

Margaret tüftelte bis an ihr Lebensende weiter und erfand noch Hunderte kleinerer und großer Dinge. Unter anderem entwickelte sie eine Maschine, die Schuhsohlen zuschnitt, eine Nähmaschinenspule, eine Kleiderschnalle und eine Zählmaschine.

Eine eigene Familie gründete Mattie nie. Stattdessen arbeitete sie mehr oder weniger von früh bis spät, und zwar bis sie weit über 70 war. Richtig reich wurde sie nie. Womöglich hatte Mattie aber auch nie beabsichtigt, reich zu werden. Ihr war immer am wichtigsten gewesen, weiter Sachen zu entwickeln und der Welt zu beweisen, dass Frauen ebenso gute Erfinder sein konnten wie Männer. ◆

10 Oct. 1942
Anne

SCHRIFTSTELLERIN

ANNE FRANK

GEBOREN 1929 • DEUTSCHLAND & NIEDERLANDE

Es ist für jemanden wie mich ein eigenartiges Gefühl, Tagebuch zu schreiben. Nicht nur, dass ich noch nie geschrieben habe, sondern ich denke auch, dass sich später keiner, weder ich noch ein anderer, für die Herzensergüsse eines dreizehnjährigen Schulmädchens interessieren wird. Aber darauf kommt es eigentlich nicht an, ich habe Lust zu schreiben und will mir vor allem alles Mögliche gründlich von der Seele reden.

AUS ANNE FRANKS TAGEBUCH, 20. JUNI 1942

FLUCHT VOR DEN NATIONALSOZIALISTEN

DIE HAUPTSTADT DER NIEDERLANDE heißt Amsterdam und ist entlang von Kanälen erbaut, sogenannten Grachten. Eine davon heißt Prinsengracht. Sie ist gesäumt von drei- bis vierstöckigen Häusern aus dunklem Ziegel mit bunten Türen und Fensterrahmen. Auf der Straße entlang der Gracht sind mehr Fahrräder als Autos unterwegs, und hohe Bäume ragen über das Wasser. Hier gibt es Cafés, kleine Geschäfte und Wohnungen.

Wenn man ein Stück an der Gracht entlang spazieren geht, stößt man bei der Hausnummer 263 auf ein Haus, das heute ein Museum ist. Früher war das Haus ein Bürogebäude und Warenlager. Während des Zweiten Weltkriegs – das ist jetzt rund 80 Jahre her – versteckte sich dort ein Mädchen namens Anne Frank. Zusammen mit Vater Otto, Mutter Edith und der großen Schwester Margot war sie vor der Judenverfolgung durch Adolf Hitler aus Deutschland geflüchtet. Gut zwei Jahre lang lebten sie hinter einer Geheimtür in den oberen Stockwerken des Rückgebäudes, ehe sie verraten und von den Nazis in Konzentrationslager deportiert wurden.

Anne Frank und ihre Schwester waren zwei von etwa 1,5 Million Kindern, die von den Nazis ermordet wurden. Zuvor hatte Anne, während sich die Familie in ihrem Versteck aufhielt, Tagebuch geführt. Nach dem Krieg wurde es wiedergefunden und als Buch herausgegeben. Als Anne ihre Gedanken auf den leeren Heftseiten niederschrieb, ahnte sie nicht, dass ihr Tagebuch einmal eines der meistgelesenen Bücher weltweit werden sollte.

Anne kam 1929 in Frankfurt am Main zur Welt. Ungefähr zur selben Zeit begann ein Politiker, der bald das Land regieren sollte, schreckliche Vorurteile zu verbreiten: nämlich dass Juden schlechte und gefährliche Menschen wären. Der Mann hieß Adolf Hitler und war der Anführer der Nationalsozialisten. Hitler behauptete, die Juden seien schuld daran, dass Deutschland den Ersten Weltkrieg verloren hatte. Was auch immer in Deutschland schieflief, kreidete er den Juden an. Hitler wollte die Weltherrschaft und redete dem Großteil seiner Landsleute ein, dass weiße, sogenannte „arische" Menschen – wie er selbst – anderen Menschen überlegen seien: zum Beispiel den Juden, Sinti und Roma und Menschen mit dunklerer Hautfarbe. Außerdem, so Hitler, seien auch Homo- und Transsexuelle sowie Menschen mit Behinderungen minderwertig und sollten nicht dieselben Rechte haben wie die übrige Bevölkerung.

Schon bald fingen die Nazis an, die Juden zu drangsalieren: Diese durften nicht mehr so leben, wie sie wollten. Hitler verfügte, dass sie nicht einmal mehr deutsche Staatsbürger seien. Sie durften nicht mehr wählen gehen, und wenn sie eine Familie gründen wollten, dann nur mit anderen Juden.

Anne Franks Eltern ahnten schon früh, was als Nächstes passieren würde. Sie hatten Zeitung gelesen, Radio gehört und mit Nachbarn und Kollegen gesprochen. Sie waren zusehends besorgt um die Sicherheit der Familie. Irgendwann beschlossen sie, nach Amsterdam zu ziehen, um Hitlers sogenannten Rassengesetzen zu entgehen.

In Amsterdam gründete Annes Vater Otto ein Handelskontor für Gewürze, Kräuter, Salz und Zucker. Firmensitz und Lager befanden sich in der Prinsengracht 263. Anne ging auf eine neue Schule. Sie hatte schon bald eine beste Freundin namens Hannah und sogar ein Kätzchen namens Moortje. Sie schwärmte für mehrere Filmstars und schrieb für ihr Leben gern. Und im Unterricht tuschelte sie oft – sie hatte so viel zu erzählen, dass ein Lehrer ihr als Strafarbeit einen Aufsatz zum Thema „Eine Schwatzliese" aufbrummte. Weil der Aufsatz so

lustig war, konnte der Lehrer ihr nicht weiter böse sein. Es war eine schöne Zeit, fand Anne.

Doch kurz vor ihrem elften Geburtstag besetzten die Nazis die Niederlande. Ab sofort galten dort für Juden dieselben Gesetze wie im Deutschen Reich. Die Franks mussten einen gelben Stern auf der Kleidung tragen, damit sie für andere als Juden erkennbar waren. Papa Otto durfte seinen Beruf nicht mehr ausüben und verkaufte die Firma, damit seine Angestellten bei einem neuen Besitzer weiterarbeiten konnten. Juden durften auch nicht Straßenbahn fahren. Sie durften nach acht Uhr abends nicht mehr vor die Tür, und zum Einkaufen durften sie nur noch bestimmte Geschäfte betreten, die ausschließlich Juden vorbehalten waren. Anne Frank musste ihr Lieblingshobby aufgeben, das Schlittschuhlaufen, weil sogar Sport für Juden verboten war. Und auch Jungs zu treffen war nicht ganz einfach, etwa ihren besten Freund Helmut, genannt „Hello“.

Montagabend war Hello bei uns zu Hause, um Vater und Mutter kennenzulernen. Ich hatte Torte und Süßigkeiten geholt. Tee und Kekse, alles gab's. Aber weder Hello noch ich hatten Lust, ruhig nebeneinander auf den Stühlen zu sitzen. Wir sind spazieren gegangen, und er lieferte mich erst um zehn nach acht zu Hause ab. Vater war sehr böse, fand das keine Art, dass ich zu spät heimkam. Ich musste versprechen, in Zukunft schon um zehn vor acht drinnen zu sein.

AUS ANNE FRANKS TAGEBUCH, 1. JULI 1942

IM VERSTECK

Eines Tages, als Anne auf der Veranda in der Sonne lag, klingelte es an der Tür. Annes Schwester Margot hatte einen „Aufruf“ von der SS bekommen.

Die SS war eine nationalsozialistische Organisation, die zusammen mit der Gestapo (der Geheimen Staatspolizei), Hitlers Befehl zur Judenvernichtung ausführte. Im Ausland verhafteten vor allem SS-Angehörige Juden, Homosexuelle und politische Gegner und brachten sie in sogenannte Konzentrations- oder Vernichtungslager. Dort wurden Unzählige durch Giftgas getötet, andere arbeiteten sich zu Tode oder starben an Hunger und Krankheiten.

Jetzt wollte die SS also Anne Franks große Schwester Margot in ein Arbeitslager stecken. Hitler zwang Menschen, in Fabriken zu arbeiten, um dort Waffen und andere „kriegswichtige" Dinge zu produzieren. Papa Otto, der schon länger darüber nachgedacht hatte unterzutauchen, musste in aller Eile seinen Plan in die Tat umsetzen. Anne schrieb in ihr Tagebuch:

> *Verstecken! Wo sollten wir uns verstecken? In der Stadt? Auf dem Land? In einem Haus, in einer Hütte? Wann? Wie? Wo? [...] Margot und ich fingen an, das Nötigste in unsere Schultaschen zu packen.*
>
> AUS ANNE FRANKS TAGEBUCH, 8. JULI 1942

Am 6. Juli 1942 um halb acht Uhr morgens kraulte Anne Frank ihre Katze Moortje ein letztes Mal und zog dann die Tür zu einem Leben in Freiheit hinter sich zu. (Um die Katze wollten sich die Nachbarn kümmern.) Damit sie den Nazis nicht auffielen, hatte die Familie kein Gepäck dabei. Möbel, Töpfe und anderen Hausrat hatte Papa Otto schon Monate zuvor in ein Versteck bringen lassen. Als Anne hinaus auf die Straße trat, trug sie mehrere Schichten Kleidung übereinander, so als wollte sie in einem Eisschrank übernachten. Aber sie mussten nun mal auch ohne Koffer so viel Wechselkleidung wie nur möglich mitnehmen:

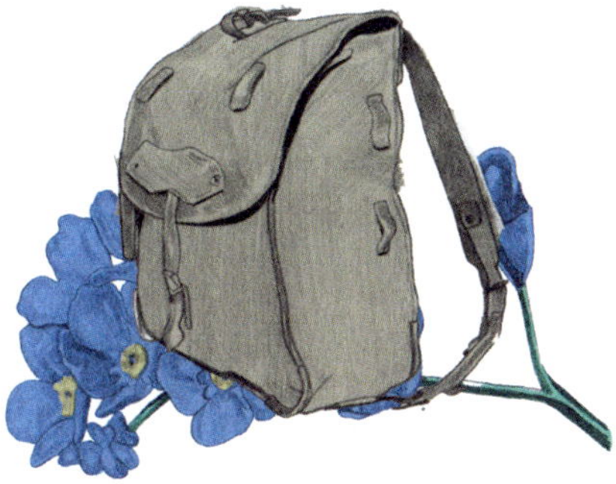

Kein Jude in unserer Lage hätte gewagt, mit einem Koffer voller Kleider aus dem Haus zu gehen. Ich hatte zwei Hemden, drei Hosen, zwei Paar Strümpfe und ein Kleid an, darüber Rock, Mantel, Sommermantel, feste Schuhe, Mütze, Schal und noch viel mehr. Ich erstickte zu Hause schon fast, aber danach fragte niemand.

AUS ANNE FRANKS TAGEBUCH, 8. JULI 1942

Am wichtigsten war, dass sie ihre Schultasche dabeihatte. Denn darin steckte ihr Tagebuch – ein rot-weiß kariertes Buch mit einem Schloss an der Vorderseite. Sie hatte es gerade erst wenige Wochen zuvor zum 13. Geburtstag bekommen. Als Erstes schrieb sie hinein:

Ich werde, hoffe ich, dir alles anvertrauen können, wie ich es noch bei niemandem gekonnt habe, und ich hoffe, du wirst mir eine große Stütze sein.

AUS ANNE FRANKS TAGEBUCH, 12. JUNI 1942

Sie formulierte die Tagebucheinträge wie Briefe an eine Freundin namens Kitty. Das Tagebuch war ihr Mittel, um die langen, einsamen Tage in ihrem Versteck nicht nur zu überleben, sondern auch weiter von einer Zukunft zu träumen:

Ich muss arbeiten, um nicht dumm zu bleiben, um weiterzukommen, um Journalistin zu werden, das will ich! Ich weiß, dass ich schreiben kann. Ein paar Geschichten sind gut, meine Hinterhausbeschreibungen humorvoll, vieles in meinem Tagebuch ist lebendig, aber ob ich wirklich Talent habe, das steht noch dahin.

AUS ANNE FRANKS TAGEBUCH, 5. APRIL 1944

Gut zwei Jahre lang versteckte sich die Familie Frank zusammen mit Freunden, dem Ehepaar Hermann und Auguste van Pels mit dem 16-jährigen Peter, im Haus an der Prinsengracht. Irgendwann zog noch Fritz Pfeffer ein, ein Zahnarzt und Freund der Familie.

„Das Hinterhaus", wie sie ihren Unterschlupf nannten, befand sich in den beiden oberen Stockwerken des Rückgebäudes an der Prinsengracht. Vorn im Büro arbeiteten mehrere Helfer, die die Familien mit Essen und anderen notwendigen Dingen versorgten. Ein Helfer hatte einen speziellen schwenkbaren Bücherschrank gebaut, hinter dem sich der Zugang zum Versteck der Familie befand. Trotzdem lebten sie in ständiger Angst, entdeckt zu werden. Mehrmals glaubte Anne, es sei alles vorbei:

> *Dann, um Viertel nach elf, ein Geräusch von unten. Bei uns konnte man das Atmen der ganzen Familie hören, ansonsten rührten wir uns nicht. Schritte im Haus, im Privatbüro, in der Küche, dann ... auf unserer Treppe. Keine Atemzüge waren mehr zu hören, acht Herzen hämmerten. Schritte auf unserer Treppe, dann Gerüttel am Drehschrank. Dieser Moment ist unbeschreiblich. „Jetzt sind wir verloren", sagte ich und sah uns schon alle* [...] *noch in derselben Nacht von der Gestapo mitgenommen.* [...] [*D*]*ie Schritte entfernten sich. Für den Moment waren wir gerettet.*
>
> AUS ANNE FRANKS TAGEBUCH, 11. APRIL 1944

HEIMLICHER ALLTAG

Meistens fanden hinter der Geheimtür ganz alltägliche Dinge statt. Außer sonntags klingelte der Wecker morgens um Viertel vor sieben. Hermann van Pels setzte Teewasser auf, und in einer festgelegten Reihenfolge ging sich einer nach dem anderen waschen. Ab halb neun mussten sie dann mucksmäuschenstill sein – da betraten die Arbeiter das Magazin zwei Stockwerke unter ihnen. Sie hatten von dem Geheimversteck in den rückwärtigen Obergeschossen keine Ahnung. Das geringste Geräusch hätte Anne und die Familie verraten. Um halb eins hatten die Arbeiter Mittagspause. Da konnten die Helfer Anne und die anderen im Hinterhaus besuchen kommen und Bücher und Zeitungen, Essen und die jüngsten Gerüchte bringen. Um eins hörten sie gemeinsam die aktuellen Kriegsmeldungen im Radio. Die Nachrichten waren oft niederschmetternd:

> *Nichts als traurige und deprimierende Nachrichten habe ich heute. Unsere jüdischen Bekannten werden gleich gruppenweise festgenommen. Die Gestapo geht nicht im Geringsten zart mit diesen Menschen um. Sie werden in Viehwagen nach Westerbork gebracht, dem großen Judenlager in Drente. [...] Fliehen ist fast unmöglich. Die Menschen sind gebrandmarkt durch ihre kahl geschorenen Köpfe und viele auch durch ihr jüdisches Aussehen. Wenn es in Holland schon so schlimm ist, wie muss es dann erst in Polen sein? Wir nehmen an, dass die meisten Menschen ermordet werden. Der englische Sender spricht von Vergasungen, vielleicht ist das noch die schnellste Methode zu sterben.*
>
> AUS ANNE FRANKS TAGEBUCH, 9. OKTOBER 1942

Nachmittags lasen und lernten sie. Um zwei Uhr machten die Erwachsenen Mittagsschlaf. Dass die Erwachsenen immerzu schlafen mussten! Für sie gab es kaum etwas Langweiligeres als Erwachsene, die sich zurückzogen, um sich auszuruhen. Sie selbst lernte fleißig – und schrieb. Abends, nachdem die Arbeiter nach Hause gegangen waren, konnten sie sich im gesamten Gebäude bewegen. Bevor es Nacht wurde, mussten allerdings alle Vorhänge zugezogen werden – man musste die Fenster „verdunkeln", damit feindliche Bomberpiloten es schwerer hatten, ein Ziel ins Visier zu nehmen. Allerdings durfte auch sonst niemand mitbekommen, dass nach Feierabend noch Licht in einem Lagerhaus brannte.

Anne und ihre Schwester mussten ihrer Mutter mitunter beim Kochen und Putzen helfen. Anne war oft sauer deswegen – wie so viele Teenager auf ihre Eltern

sauer sind. Als Papa Otto nach dem Krieg Annes Tagebuch erstmals herausgab, strich er die Stellen, in denen Anne beschrieben hatte, wie sehr die Mutter ihr auf die Nerven ging und wie nörgelig sie immer war. Dass Kinder öffentlich ihre Eltern kritisierten, war damals verpönt.

Am schlimmsten war das Eingesperrtsein an den Sonntagen, fand Anne. Da konnten sie durch die Fenster hören, wie draußen das Leben weiterging:

> [W]*enn man eineinhalb Jahre eingeschlossen sitzt, kann es einem an manchen Tagen mal zu viel werden, ob es nun berechtigt oder undankbar ist. Gefühle lassen sich nicht zur Seite schieben. Radfahren, tanzen, pfeifen, die Welt sehen, mich jung fühlen, wissen, dass ich frei bin – danach sehne ich mich.*
>
> AUS ANNE FRANKS TAGEBUCH, 24. DEZEMBER 1943

Aber es gab auch Lichtblicke. Anne verliebte sich in Peter. Anfangs hatte sie noch gedacht, er sei kindisch und viel zu schüchtern. Er war nicht annähernd so draufgängerisch wie die Jungs, in die sie zuvor verschossen gewesen war. Doch mit der Zeit wurden sie Freunde, vertrauten einander – und verliebten sich. Nun ist es nicht ganz leicht, da von den Erwachsenen mit ihren misstrauischen Blicken und dummen Witzchen in Ruhe gelassen zu werden. Anne war besonders wütend auf ihre Mutter, als die ihr verbot, sich allein mit Peter auf den Dachboden zu verziehen. In ihr Tagebuch schrieb sie:

Und Peter ... Peter will ich nicht aufgeben. Er ist so lieb, und ich bewundere ihn. Es könnte so schön zwischen uns werden, warum stecken die Alten ihre Nasen hinein? Zum Glück bin ich daran gewöhnt, mein Inneres zu verbergen. Es gelingt mir ausgezeichnet, nicht zu zeigen, wie versessen ich auf ihn bin. Wird er je etwas sagen?

AUS ANNE FRANKS TAGEBUCH, 28. MÄRZ 1944

ENTDECKT!

Allmählich wendete sich das Blatt für die Deutschen; am 6. Juni 1944 landeten Deutschlands Kriegsgegner, die Alliierten, an der Küste der Normandie in Nordfrankreich. Die deutschen Rückschläge sorgten im Hinterhaus für Hoffnung: Vielleicht würden die Niederlande ja bald befreit? Anne malte sich aus, wie sie im Herbst wieder zur Schule gehen dürfte, und träumte von alledem, was sie endlich wieder tun würde, sobald sie sich nicht mehr verstecken müsste: ins Kino gehen und ins Café und ohne ständige Aufsicht den Jungen treffen, in den sie verliebt war. Und auch die Erwachsenen träumten von Freiheit. Die eine wollte bei ihrer Befreiung so viel Torte essen, wie sie nur konnte, der Nächste ein herrliches, ausgedehntes heißes Bad nehmen, ein Dritter endlich seine gute Freundin wiedersehen.

Doch am Vormittag des 4. August 1944 irgendwann zwischen zehn und halb elf hielt plötzlich ein Wagen vor der Prinsengracht 263. Ein SS-Befehlshaber und mehrere Untergebene stiegen aus, stürmten das Büro und steuerten die Geheimtür an, hinter der sich Anne Frank und die anderen so lang versteckt hatten. Anne, Margot, Papa Otto, Peter und alle anderen wurden verhaftet und über Westerbork ins polnische Konzentrations- und Vernichtungslager Auschwitz-Birkenau deportiert.

Im Hinterhaus blieb ein Durcheinander aus Habseligkeiten der Familien zurück – und Annes Tagebuch.

Das Lager war die Hölle auf Erden. Es war kalt und dreckig, die Schwestern bekamen kaum etwas zu essen, und alle mussten in überfüllten Baracken hausen. Hunderttausende Gefangene wurden ermordet, andere starben an Krankheiten. Mehrere Monate lang gelang es den Schwestern Frank, sich ans Leben zu klammern, doch dann wurden Anne und Margot Ende Oktober ins deutsche Konzentrationslager Bergen-Belsen überführt. Dort grassierte im Winter Typhus, und viele starben daran; ausgerechnet als der Frühling endlich mildere Temperaturen versprach, traf es zuerst Margot, und wenige Tage nach ihr starb auch Anne. Nur ein paar Wochen später, am 15. April 1945, sollten britische Soldaten das Lager befreien. Am 7. Mai kapitulierte Deutschland, und der Krieg war vorbei.

Alles in allem starben im Holocaust (auch Shoah genannt) – dem organisierten Völkermord durch die Nazis – rund sechs Millionen Juden, das waren zwei Drittel der Juden, die bis dahin in Europa gelebt hatten. Anne Frank und ihre Familie waren nur wenige Monate davon entfernt gewesen, den Krieg zu überstehen und wieder in Freiheit zu leben. Bis heute weiß niemand, wer sie an die Nazis verraten hat. Manche vermuten, dass die Schwester einer Helferin aus dem Büro über die Vorgänge im Hinterhaus gemunkelt haben könnte, aber das ist schwer zu beweisen. Die Person ist auf alle Fälle seit Langem tot.

Der Einzige aus dem Versteck im Hinterhaus, der den Krieg überlebte, war Annes Papa Otto. Als er aus dem Lager befreit wurde, kehrte er allein nach Amsterdam zurück. Nachdem das Versteck ausgehoben worden war, waren einige Helfer im Gefängnis gelandet, aber sie kamen vor Kriegsende wieder frei. Eine Helferin, eine Frau namens Miep Gies, hatte Annes rot-weiß kariertes Tagebuch auf dem Fußboden des geplünderten Hinterhauses gefunden und sicher verwahrt. „Das Vermächtnis deiner Tochter" nannte sie es, als sie Otto das Tagebuch überreichte. Otto fing an, es ins Reine zu schreiben, und willigte schließlich ein, es in Buchform herauszugeben.

Anne Franks Tagebuch wurde im Jahr 1947 veröffentlicht.

Inzwischen ist es in rund 70 Sprachen übersetzt, verfilmt und auf die Theaterbühne gebracht worden.

Anne Franks Schilderungen sind wichtige Erinnerungen an den Holocaust bzw. die Vernichtung der Juden im Nationalsozialismus. Sie gemahnen uns daran, dass wir alle Menschen sind, die unabhängig von der Hautfarbe, vom Glauben oder der sexuellen Orientierung gleich behandelt werden müssen.

Anne Frank selbst schrieb voller Hoffnung in ihr Tagebuch,

... dass sich alles wieder zum Guten wenden wird, dass auch diese Härte aufhören wird, dass wieder Ruhe und Frieden in die Weltordnung kommen werden.

AUS ANNE FRANKS TAGEBUCH, 15. JULI 1944 ◆

DESEGREGATE NOW!
SEGREGATED
THIS WAY
LITTLE ROCK NINE
A+

BÜRGERRECHTLERIN

GLORIA RAY KARLMARK

GEBOREN 1942 • USA & SCHWEDEN

AUF DER STRASSE vor der Schule versuchten neun schwarze Schüler, zwischen Hunderten zorniger Weißer hindurchzukommen. Irgendwer hatte eine schwarze Puppe an einem Strick in einem Baum aufgeknüpft. Ein junger Mann schwenkte eine Südstaatenflagge. Ein Fernsehreporter hielt ihm ein Mikrofon vor die Nase und fragte: „Glauben Sie, dass die Schwarzen heute in die Schule kommen?"

„Wenn ich hier das Sagen hätte", antwortete der Mann, „dann nicht. Meiner Meinung nach haben die kein Recht, zur Schule zu gehen."

Gloria Ray war eine der neun Jugendlichen, die sich an jenem Septembertag vor mehr als 60 Jahren in der Stadt Little Rock im US-Bundesstaat Arkansas durch die bedrohliche Menschenmenge hindurchzwängten. Es war wenige Wochen vor ihrem 15. Geburtstag, und sie wünschte sich einfach nur, nach den Sommerferien aufs Gymnasium gehen zu dürfen. Stattdessen wurden sie und acht weitere schwarze Schüler in einen Machtkampf zwischen den rassistischen Einwohnern von Arkansas und US-Präsident Eisenhower hineingezogen. Eisenhower hatte schon einige Zeit zuvor verfügt, dass sämtliche Schulen des ganzen Landes für Schwarze wie Weiße offenstünden. Die Jugendlichen sollten als „die neun aus Little Rock" weltweit berühmt und zum Symbol für den Kampf gegen die Unterdrückung der Schwarzen durch Weiße werden. Die Geschehnisse in Little Rock waren zugleich ein Auslöser für die sogenannte Bürgerrechtsbewegung in den USA. Bürgerrechte sind Rechte und Freiheiten, die jeder Staatsangehörige unabhängig von Hautfarbe, Geschlecht oder sexueller Orientierung in Anspruch nehmen darf.

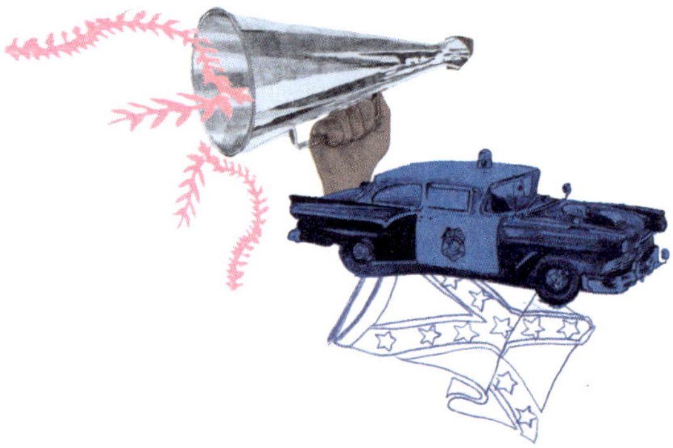

DIE SÜDSTAATEN DER USA

Gloria Cecilia Ray wurde 1942 in Little Rock geboren und wuchs dort mit Mama Julia und Papa Harvey als jüngstes von drei Kindern auf. Sie wohnten in einem zweistöckigen weißen Haus in einem Viertel, in dem sowohl schwarze als auch weiße Familien lebten. Weiße und schwarze Kinder spielten auch zusammen auf der Straße. Allerdings besuchten sie einander nie und gingen auch nicht auf dieselben Schulen.

Glorias Eltern hatten beide studiert. Die Mutter arbeitete als Sozialarbeiterin und half Menschen, die im Leben ins Straucheln geraten waren. Der Vater reiste durch ganz Arkansas und bildete andere Schwarze in landwirtschaftlichen Techniken aus, damit sie ihre Felder besser bewirtschaften konnten. Außerdem erinnerte er alle daran, wie wichtig es war, dass Kinder zur Schule gingen. Dass Papa Harvey selbst hatte studieren dürfen, war eine große Sache und zu jener Zeit alles andere als selbstverständlich. Harveys Vater – Glorias Opa George – war nämlich als Sklave zur Welt gekommen.

Die Sklaverei war entstanden, als europäische Großmächte so viel Einfluss und Reichtümer auf der ganzen Welt zusammenraffen wollten wie nur möglich. Niederländer und Engländer hatten vor allem das nördliche Nordamerika erobert, Franzosen und Spanier die südlichen Regionen. Das Land, das zuvor der indigenen Bevölkerung gehört hatte, wurde von europäischen Kolonisten übernommen, die sich dort ansiedelten – sie hatten eine weiße Hautfarbe. Wann immer die Weißen Arbeitskräfte brauchten, beispielsweise auf ihren Zuckerrohr- und Baumwollplantagen, kauften sie auf dem Markt Sklaven, die aus Afrika verschleppt worden waren. Wenn eine Sklavin ein Kind zur Welt brachte, gehörte das automatisch dem Sklavenhalter. Arkansas – der Bundesstaat, in dem Gloria lebte – liegt im Süden der heutigen USA und ist einer der Bundesstaaten, in denen die Sklaverei noch bis 1865 erlaubt war.

Glorias Papa Harvey kam zur Welt, nachdem die Sklaverei offiziell abgeschafft worden war. Trotzdem war es noch lange nicht selbstverständlich, dass er als Schwarzer die gleichen Bürgerrechte hatte wie andere. Gloria hat einmal erzählt, ihr Papa habe nur unter der Bedingung studieren dürfen, dass er den Lohn seines Ersatzmanns auf der Farm übernahm. So kam der Vater zumindest an eine berühmte Universität für Schwarze, und er schaffte es, sowohl die Studiengebühren als auch seinen Ersatzmann zu bezahlen.

Vielleicht war es Glorias Eltern gerade deshalb so wichtig, dass die eigenen Kinder zur Schule gingen und einen Schulabschluss machten. Zu Hause lasen sie vor dem Schlafengehen griechische Göttersagen und redeten den Kindern ins Gewissen, dass sie immer fleißig lernen müssten. Trotzdem waren sie überrascht, als sie eines Tages aus der Zeitung erfuhren, dass Gloria ab sofort – und als eine der ersten Schwarzen in der Schulgeschichte – auf die Central High School gehen sollte. Gloria hatte ihren Eltern gar nicht erzählt, dass sie sich dort angemeldet hatte. „Ich wollte einfach auf diese gute Schule gehen", so Gloria. „Sie hatten dort die beste Ausstattung: Bücher, eine eigene Bibliothek und tolle Lehrer." Nicht nur sollte der Unterricht dort interessant sein, auch das Schulgebäude war eines der schönsten der Gegend: sieben Stockwerke aus gelbem Sandstein. Vor dem prachtvollen Haupteingang lag ein Park mit einem großen ovalen Teich. Natürlich unterstützten die Eltern Glorias Wunsch, aber sie waren auch besorgt: „Ihnen war klar, dass es nicht einfach werden würde. Trotzdem unterstützten sie mich zu hundert Prozent, egal worum es ging."

RASSISMUS UND RASSENTRENNUNG

Obwohl die Sklaverei in den USA seit Langem abgeschafft war, wurzelte der Rassismus vor allem in den Südstaaten in den 1950er-Jahren immer noch tief. Es gab damals einen Grundsatz – separate but equal („getrennt, aber gleich") –, der besagte, dass Schwarze und Weiße auf dem Papier zwar gleichgestellt waren, sich aber voneinander fernzuhalten hätten. Im Grunde ging es nur darum, dass die Weißen ihre Vormachtstellung behielten, ohne dabei gegen Bundesgesetze zu verstoßen. In der Realität besaßen Schwarze beileibe nicht dieselben Rechte und Freiheiten wie Weiße: Sie durften zwar zur Schule gehen – aber nur auf Schulen für Schwarze. Sie durften nicht dieselben öffentlichen Toiletten benutzen wie Weiße, nicht aus demselben Wasserhahn trinken, nicht auf denselben Plätzen im Bus oder auf denselben Parkbänken sitzen und auch nicht dieselben Restaurants besuchen. Eine solche Aufteilung bezeichnet man als Segregation.

Viele Weiße schauten auf Schwarze herab – bloß wegen der Hautfarbe. Andere verübten schreckliche Verbrechen, besonders an jenen, die sich gegen die Ungerechtigkeiten in der Gesellschaft zur Wehr setzen wollten. Eines Tages, als Gloria zum Gottesdienst in ihrer Gemeinde wollte, war direkt vor der Kirche ein Schwarzer an einem Laternenmast erhängt worden. Indem sie Morde verübten, wollten weiße Rassisten die Schwarzen einschüchtern, damit sie unter sich blieben.

Einige Jahre bevor Gloria aufs Gymnasium gehen sollte, hatte der Oberste Gerichtshof, das höchste Gericht der USA, geurteilt, dass Schulen im ganzen Land für Schüler jeder Hautfarbe zugänglich sein mussten, sonst verstießen sie gegen das Gesetz. Die fleißige, kluge und lebhafte Gloria hatte mit ihren Fähigkeiten bereits die Lehrer an ihrer alten Schule begeistert; außerdem hatte sie dort gelernt, dass ein Urteil des Obersten Gerichtshofs allgemeingültig war und somit auch für die altmodischen „weißen Schulen" in Little Rock, Arkansas, galt.

In jenem Sommer konnte Gloria es kaum erwarten, dass die Ferien zu Ende gingen. Als es endlich so weit war, fuhr sie – obwohl beide noch keinen Führerschein hatten – zusammen mit ihrer Freundin Carlotta Walls im Auto zur Central High School, um sich dort anzumelden. Die beiden parkten direkt vor dem Haupteingang und betraten das Gebäude.

Es war, als hätten sie eine Bombe gezündet.

Alle starrten sie an.

Niemand sagte etwas.

Die Mädchen betraten das Sekretariat und schrieben sich ein. Es ging völlig gesittet zu. Doch tags darauf stand in der Zeitung: „Neger wollen an die Little Rock Central High School!"

Das war der Funke, der alles entflammte.

Die Nachricht verbreitete sich wie ein Lauffeuer. Die weißen Rassisten kochten vor Wut. Sie trafen sich, um Pläne zu schmieden, wie sie den schwarzen Schülern Einhalt gebieten konnten. Gouverneur Orval Faubus kam ihnen zu Hilfe: Er war der Regierungschef von Arkansas, und ihm war egal, was der Oberste Gerichtshof sagte. Er wollte die Segregation in den Schulen aufrechterhalten. Vor allem aber wollte er die nächste Wahl gewinnen und an der Macht bleiben. Und da hieß es für ihn: tun, was die Rassisten sagten.

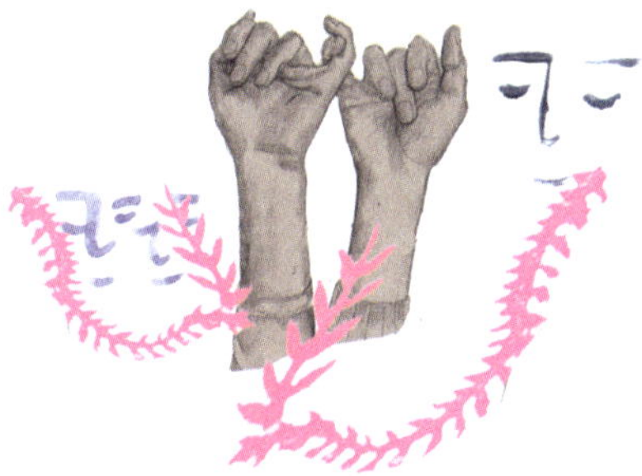

ERSTER SCHULTAG

Als Gloria und ihre Freunde sich gegen Ende der Sommerferien auf den ersten Schultag an der Central High School vorbereiteten, ahnten sie nicht, was sie dort erwarten würde. Womöglich machte sich Gloria über ganz normale Sachen Gedanken: was sie anziehen sollte oder ob die neuen Lehrer nett wären.

Doch vor der Schule warteten Tausende Erwachsene, die den neun Kindern den Zutritt verwehrten.

„Wir wollen euch hier nicht!", kreischten sie.

Außer den Tausenden Demonstranten hatte Gouverneur Faubus überdies einen Teil des Militärs, die Nationalgarde, aufmarschieren lassen, und die bewaffneten Männer waren nicht etwa dazu da, Gloria und ihre Freunde zu beschützen. Sie waren gekommen, um ihnen den Weg zu versperren.

„Die Soldaten hatten rund um die Schule Posten bezogen, ließen die weißen Schüler durch und uns nicht", erzählte Gloria später. „Ich versuchte, hinter einem anderen Mädchen durch die Reihen zu schlüpfen, aber sofort kamen sie hinter mir her und hielten mich zurück. Ich sah den Hass in ihren Augen. Es war, als würde die Welt untergehen."

Gloria zufolge fühlte sich jener Tag wie das Ende ihrer Kindheit an. Dass bewaffnete Soldaten Schulter an Schulter dort standen, um sie an etwas so Grundlegendem wie dem Schulbesuch zu hindern, war ein Schock. Was würde aus ihren Zukunftsträumen werden – und in welcher Wirklichkeit lebten sie eigentlich?

An ihrem ersten Schultag an der Central High School mussten die neun wieder nach Hause gehen. Eine von ihnen, Elizabeth Eckford, wurde auf dem Heimweg fotografiert, und das Foto wurde auf der ganzen Welt bekannt: Mutterseelenallein und niedergeschlagen tritt sie vor der aufgeheizten Menschenmenge den Rückzug an. Hinter ihr gehen junge weiße Frauen in hübschen Sommerkleidern und mit Handtäschchen am Arm. Sie haben die Münder weit aufgerissen, als würden sie im selben Moment ihren Hass hinausschreien. Sie gucken zornig. Dieses herzzerreißende Foto steht sinnbildlich für den Rassismus im amerikanischen Süden der 1950er-Jahre.

TRUPPEN DES PRÄSIDENTEN

Die Geschehnisse in Little Rock machten landesweit Schlagzeilen, und im Weißen Haus in Washington D.C. wurde US-Präsident Eisenhower immer wütender, weil Gouverneur Faubus sich nicht an die Gesetze hielt. Drei Wochen lang mussten die schwarzen Schüler der Schule fernbleiben, während Präsident Eisenhower versuchte, den Gouverneur zur Vernunft zu bringen. Nach mehreren Anläufen war es für die neun an der Zeit, erneut zu versuchen, zum Unterricht zu kommen. Doch auch diesmal schafften sie es nicht.

Glorias Papa Harvey hatte sie zwar durch einen Seiteneingang in die Schule geschleust, doch wenige Stunden später hatten die Demonstranten sie aufgespürt und sprachen wüste Drohungen aus. Daraufhin mussten Gloria und die anderen nach Hause fahren, weil die Schule nicht mehr für ihre Sicherheit garantieren konnte. „Wir mussten durch den Keller laufen, und draußen wartete ein Zivilfahrzeug der Polizei", erzählte Gloria später. „Ich musste mich hinter dem Fahrersitz auf den Boden legen, und der Polizist am Steuer sagte, ich dürfte mich unter gar keinen Umständen zeigen." Gloria hatte Panik. Sie konnte nicht fassen, wie viel Hass sich hier plötzlich gegen sie alle entlud.

Auch Glorias Vater war inzwischen stinksauer auf den Gouverneur – und hatte Angst um das Leben seiner Tochter. Er und die anderen Eltern verfassten ein Telegramm an Präsident Eisenhower, in dem sie berichteten, dass die Central High School in Little Rock nach wie vor gegen das Urteil des Obersten Gerichtshofs verstoße. Wenige Tage später kam die Antwort des Präsidenten. Den Brief hat Gloria bis heute aufbewahrt. Eisenhower schrieb, dass er die Rechte sämtlicher amerikanischer Mitbürger zu verteidigen gedenke und dass die USA ihnen den Rücken stärken würden:

Im Zuge der Durchsetzung gleicher Rechte in unserem Land haben Sie Würde und Mut in einer Situation bewiesen, die weniger gefestigte Mitbürger eingeschüchtert hätte. Mit den besten Wünschen, Ihr ergebener Dwight D. Eisenhower

Um zu zeigen, dass er es ernst meinte, schickte Präsident Eisenhower gut 1000 Elitesoldaten aus Bundestruppen nach Little Rock: Fallschirmjäger, auch als „die schreienden Adler" bekannt. Präsident Eisenhower entsandte sogar ausschließlich weiße Soldaten, die die schwarzen Schüler auch innerhalb der Schule beschützen sollten. Endlich bekamen die Rassisten die Antwort, die sie heraufbeschworen hatten.

Tags darauf trafen sich die Jugendlichen morgens bei der Bürgerrechtlerin Daisy Bates. Gemeinsam wurden sie von dort zur Schule gefahren. Vor und hinter ihnen begleiteten sie Soldaten in Jeeps, damit sich ihnen diesmal auch wirklich niemand in den Weg stellte. Gloria erinnert sich noch daran, dass sie ein Plakat unter dem

Arm hatte, das sie für den Biologieunterricht vorbereitet hatte. Der Tag sollte zu ihrem ersten kompletten Schultag werden. Gloria und ihre Freunde hatten gesiegt. Trotzdem war das restliche Schuljahr schwerer als gedacht.

HEFTIGES SCHULJAHR

Die Jugendlichen waren ständig auf der Hut. Tagtäglich wurden sie bedroht. Auf den Schulfluren wurden sie herumgeschubst und geschlagen. Einige wurden sogar mit spitzen Gegenständen verletzt. Sie wurden mit Säure bespritzt und aufs Schlimmste gemobbt. Ihre Kleidung wurde beschädigt. Der Schuldirektor, der gegen die Aufnahme der neun an seiner Schule gewesen war, sorgte dafür, dass sie auf unterschiedliche Unterrichtsräume verteilt wurden, damit sie einander in brenzligen Situationen nicht helfen konnten. Sie durften sich gegen Angriffe auch nicht zur Wehr setzen. Eines der Mädchen bekam einen vorübergehenden Schulverweis, nachdem ein paar weiße Jungs sie in der Schulkantine angepöbelt hatten und sie daraufhin einem von ihnen Essen übergekippt hatte.

Erst nach Weihnachten durfte sie wieder am Unterricht teilnehmen.

Die Jungs bekamen keine Strafe.

„Wir wurden von den anderen Schülern bespuckt, geschlagen und angefeindet“, erzählte Gloria später. „Selbst wenn wir einen Soldaten als Eskorte dabeihatten, wurden Sachen nach uns geworfen. Die Soldaten meldeten jeden Vorfall. Der Direktor unternahm trotzdem nichts.“

Einige weiße Mitschüler, die gar nichts dagegen hatten, dass Schwarze auf ihre Schule gingen, trauten sich nicht, sich den Mobbern entgegenzustellen. Nur eine Handvoll der 2000 weißen Schüler hatte den Mut, sich mit den neun anzufreunden. Diejenigen, die sich offen zu ihren schwarzen Freunden bekannten, wurden ebenfalls gemobbt – sogar deren Eltern. In Glorias Englischkurs saß ein Mädchen namens Becky. Sie sollte in Glorias Leben noch eine große Rolle spielen. Die beiden schickten einander Briefchen, doch als Gloria fragte, ob es in Ordnung wäre, sich auf dem Flur offen zu grüßen, sagte Becky Nein. Sie hatte Angst, dass ihre Eltern deswegen ihre Arbeit verlieren könnten.

Glorias Mama hatte aufgrund der Ereignisse ihre Stelle bereits verloren. Abends fuhren Autos an ihrem Haus vorbei, und Leute warfen Sachen in ihren Vorgarten. Die Eltern bekamen Hass- und Drohanrufe; mehrmals wurde ihnen am Telefon erzählt, Gloria sei tot. Die neun Freunde versuchten, so gut sie konnten, ihre Eltern aus allem herauszuhalten. Sie erzählten ihnen nicht mehr von den Gemeinheiten,

die in der Schule passierten. Gloria fand, ihre Familie war sowieso schon schlimm genug dran, seit sie selbst zur Symbolfigur für den Kampf gegen den Rassismus in Arkansas geworden war.

„Über den Hass redeten wir zu Hause nicht", so Gloria. „Meine Eltern hatten uns beigebracht, dass es nun mal eine Menge dummer, ungebildeter Leute gab, die wenig Weitblick hatten. Und dass immer noch Dinge existierten, die uns Schwarzen verwehrt waren. Da galt es, die Spielregeln zu befolgen und das Beste daraus zu machen." Gloria behielt ihre Sorgen und ihre Angst fortan für sich. Stattdessen lief sie in der Schule zur Bestform auf. Sie wollte allen beweisen, dass sie sich den Platz an der Central High School verdient hatte. Später wollte sie Mathematik und Naturwissenschaften studieren und Atomphysikerin werden. Allein die Hoffnung auf eine bessere Zukunft machte ihr Leben erträglich.

Es ist kaum zu fassen, wie Gloria und ihre Freunde es unter so einem Druck aushalten konnten. Aber sie wollten ganz einfach nicht scheitern – nicht um ihrer selbst willen und auch nicht wegen aller anderen schwarzen Jugendlichen. Die neun sahen sich gezwungen, perfekt zu sein. Die Kraft dazu zogen sie aus der gemeinsamen Zeit auf dem Schul- und Nachhauseweg. „Da scherzten wir und lachten. Das war unsere Art, uns gegenseitig Mut zu machen, um weiterzukämpfen." Und es kam noch eine weitere Motivation dazu: Kein Kind sollte je wieder durchmachen müssen, was sie durchgemacht hatten.

Gloria durfte gerade mal ein Jahr lang auf die Central High School gehen, ehe die Schule wegen der politischen Unruhen geschlossen wurde. Immerhin einer der neun hatte bis dahin seinen Schulabschluss gemacht. Um ihm zu gratulieren, kam Martin Luther King persönlich. Er war Pastor und einer der wichtigsten Wortführer der Bürgerrechtsbewegung in den USA. Gloria begegnete ihm anschließend bei einem Empfang. Sie kann sich noch daran erinnern, dass er ein Mann mit enormer Ausstrahlung war, dem man einfach zuhören musste: „Für mich war seine wichtigste Botschaft, dass alle Menschen gleich viel wert sind, unabhängig von Hautfarbe, Geschlecht oder Glauben."

Nach jenem Jahr an der Central High School war Gloria ernster und vorsichtiger als zuvor, aber auch umso sensibler für die Ungerechtigkeiten auf dieser Welt: „Zu Beginn des Jahres war ich 14 gewesen und am Ende 100", sagte sie mal. Doch sie war auch mutiger geworden. Sie hatte sich damit abgefunden, ständig beäugt und kritisiert zu werden. Sie wusste, dass sie selbst in den düstersten Momenten standhaft bleiben, einen Schritt nach dem anderen gehen musste und nie ihr Ziel aus den Augen verlieren durfte.

„Am Ende des Jahres stand ich zwar auch mit unserem Jahrbuch da, traute mich aber nicht, meine Klassenkameraden zu fragen, ob sie mir etwas Nettes hineinschreiben wollten. Dann kam Becky und schrieb in mein Buch, und als die anderen das sahen, kamen sie auch und machten das Gleiche."

DIE WEITERE ENTWICKLUNG

Als die Central High School schließen musste, zog Gloria Ray zu ihrem Onkel in den Nachbarstaat Missouri. Ihre Mutter kam mit, weil sie in Arkansas keine Arbeit mehr fand. Gloria konnte ihren Schulabschluss zwar nicht mehr an der Central High School in Little Rock machen, doch sie war die erste Schwarze, die an der Technischen Universität von Illinois Chemie und Mathematik studierte. Sie hatte es geschafft! Und sie machte Karriere in der IT-Branche. An der Universität hatte sie einen Schweden kennengelernt. Die beiden heirateten, zogen nach Schweden und gründeten dort eine Familie.

Die neun aus Little Rock wurden auf der ganzen Welt berühmt, weil sie die Aufhebung der Segregation von Schwarzen und Weißen vorangetrieben hatten. Gloria hat oft mit Menschen, die sie für ihren Mut bewunderten, über jene dramatischen Tage gesprochen, dabei wollte sie eigentlich gar nicht mehr daran zurückdenken. Es war bedrückend, sich an die Angst zu erinnern, die sie hatte ausstehen müssen: Angst vor dem Hass und den Bedrohungen. Es dauerte fast 40 Jahre, ehe ihr dämmerte, was die Rassisten ihr tatsächlich angetan hatten. Und im selben Moment beschloss sie, dass sie nie aufhören würde, ihre Geschichte zu erzählen.

Bis zum heutigen Tag reist Gloria von einer Schule zur nächsten, um über Demokratie, Mobbing und den Wert guter Schulbildung zu sprechen. Sie möchte den Kindern und Jugendlichen vermitteln, dass sie ihr Schicksal selbst in der Hand haben, ganz gleich was andere sagen oder tun. Niemand sollte sich je als Opfer im Kampf gegen ungute Kräfte in einer Gesellschaft fühlen. Vor allem wünscht sie sich, dass Jugendliche einander besser kennenlernen, egal woher sie stammen.

Die Bürgerrechtsbewegung in den USA hat Großes geleistet und bewirkt. 1964 unterschrieb der Nachfolger von Präsident Eisenhower, Präsident Johnson, ein Gesetz namens „Civil Rights Acts", mit dem die Segregation in den USA ein für alle Mal verboten wurde. In den Folgejahren wurden weitere Gesetze erlassen, die es unter Strafe stellten, wenn Minderheiten schlechter behandelt wurden als die weiße Mehrheit. Trotzdem gibt es in den USA bis heute Rassisten. Im Schnitt bekommen Afroamerikaner immer noch die schlechtere Schulbildung, haben eine schlechtere Gesundheitsversorgung und verdienen weniger Geld, landen häufiger im Gefängnis als Weiße, nur weil sie Schwarze sind, und haben nicht dieselben Möglichkeiten, in der Gesellschaft gehört zu werden.

Aus diesem Grund will Gloria Ray Karlmark, dass wir niemals vergessen, was 1957 in Little Rock passiert ist, als neun Jugendliche einfach nur wie alle anderen zur Schule gehen wollten und von weißen Rassisten daran gehindert wurden. ◆

FUSSBALLSPIELER

LIONEL MESSI

GEBOREN 1987 • ARGENTINIEN & SPANIEN

IM SANTIAGO-BERNABÉU-STADION in Madrid stand es zwischen Real Madrid und dem FC Barcelona 2 : 2. Im sogenannten El Clásico – dem Match zwischen den beiden bekanntesten Mannschaften und größten Rivalen Spaniens – waren schon 91 Minuten gespielt. Die Stimmung auf den voll besetzten Rängen war angespannt. Wenn Barcelona jetzt gewinnen würde, hätten sie eine echte Chance auf die Meisterschaft.

Barcelona griff an. André Gomes spielte an Jordi Alba ab, der sich links vom Strafraum positioniert hatte. Wie aus dem Fußballerlehrbuch ging Albas Pass in die Mitte.

Und dort kam Lionel Messi – der mit der 10 auf dem Rücken. Blitzschnell schoss er auf den Elfmeterpunkt zu, und etwa zwölf Meter vom Tor entfernt verwandelte er mit dem linken Fuß; Torwart Keylor Navas hechtete zwar noch in Richtung des rechten Torpfostens, hatte aber keine Chance – 3 : 2 für Barcelona!

Die Fans waren außer sich. Die Mannschaftskameraden drehten schier durch. Messi riss sich das Trikot vom Leib und strahlte über das ganze Gesicht.

Es war sein 500. Tor für Barcelona gewesen.

„Er ist der Beste“, kreischte der Kommentator. „Er ist der Beste, den es je gab!“

KINDHEIT IN ROSARIO

Wie wird man zum besten Fußballer der Welt? Kann jeder Fußballprofi und Fußballheld werden? Einige sagen jetzt bestimmt, dass dafür Talent nötig sei. Andere behaupten, es reiche aus, wenn man ein Ziel vor Augen hat und Zigtausende

Stunden trainiert, auch wenn der Weg hart ist. Lionel „Leo" Messi hatte immer gewusst, dass er ein guter Fußballer war. „Der Ball klebt an seinem Fuß", tuschelten die Leute, die ihn schon als Kind eine komplette Verteidigung ausdribbeln sahen.

Leos Erfolgsgeschichte zeichnete sich bereits in seiner Kindheit in der argentinischen Hafenstadt Rosario ab. Er wuchs mit seinen Eltern, einer Schwester und zwei Brüdern im Stadtviertel La Bajada auf, wo sein Vater ein bescheidenes Haus gebaut hatte. Bei den Nachbarn standen die Haustüren immer offen, und die Kinder kannten einander. Leo spielte Verstecken mit seinen Freunden, sie bauten Festungen aus alten Brettern, fuhren Fahrrad und stibitzten die Zitronen des Nachbarn, um Limonade daraus zu machen. Hin und wieder warfen sie Wasserbomben auf Busse. Und natürlich spielten sie Fußball. Jeden Sonntagabend gab es bei Oma Celia Abendessen, und anschließend liefen sämtliche Cousins und alle, die sonst mitspielen wollten, mit einem Fußball nach draußen. Manchmal spielten sie gegen beinahe erwachsene Jugendliche, die es dann kaum fassen konnten, dass sie von einer Kindermannschaft besiegt wurden. Wo immer Leo hinging, hatte er seinen Fußball dabei. Nachts nahm er ihn sogar mit ins Bett.

OMAS VORSCHLAG

Die ganze Familie war fußballverrückt. Als Fünfjähriger fing Leo an, im Verein zu spielen. Seine Oma brachte ihn immer zum Training und holte ihn ab. Leo hat mal erzählt, dass seine gesamte Familie am liebsten zum örtlichen Fußballverein ging, in dem sein Bruder und ein paar Cousins spielten, allerdings in verschiedenen Ligen, weil sie unterschiedlich alt waren. „Ich war einer der Jüngsten, für mich gab es kein Team, aber eines Tages war einer der Älteren nicht gekommen, und meine Oma schlug dem Trainer vor, er solle stattdessen mich mitspielen lassen."

Der Trainer war dagegen, weil Leo eindeutig zu klein wirkte, um mit den großen Jungs mitzuhalten. Doch Leos Oma gab nicht auf und redete auf den Trainer ein, bis der schließlich Ja sagte, weil er Leos Oma so nett fand. Alle im Verein liebten Celia und konnten ihr einfach nichts abschlagen.

Dabei hätte sich der Trainer wegen Leo gar keine Sorgen machen müssen.

„Ich habe bei dem Spiel gleich zwei Tore geschossen", erzählte er später. „Als ich getroffen hatte, jubelten alle, nur dass ich es nicht einmal hören konnte – ich hörte nur meine Oma, die meinen Namen kreischte. Ich entdeckte sie bei den Zuschauern, lächelte und streckte zwei Finger in die Luft, um zu zeigen, dass ich die Tore nur für sie geschossen hatte."

Leo liebte seine Oma heiß und innig. Als er einmal gefragt wurde, was an ihr so besonders war, antwortete er: „Ich weiß nicht ... Sie hat alles für uns getan. Meine Cousins und ich haben uns sogar darum geprügelt, wer bei ihr übernachten durfte. Sie liebte uns unendlich." Kurz vor Leos elftem Geburtstag starb seine Oma, und von nun an reckte er immer zwei Finger in die Luft, wenn er ein Tor schoss – als liebevollen Gruß an Oma Celia.

DER KLEINSTE VON ALLEN

Schon mit knapp sieben Jahren spielte Leo im Verein Newell's Old Boys, und der Trainer war zusehends begeistert von dem jungen Talent. Er war wieselflink, wendig, konnte sowohl dribbeln als auch Tore schießen. Gleichzeitig hatte er einen guten Überblick über das Spiel. Er wusste immer genau, an wen er am besten abspielen musste, damit sie eine Torchance bekämen. Allerdings gab es da ein Problem: Leo wuchs nicht so schnell wie die anderen Kinder. Trotzdem war er der Beste von allen.

Irgendwann wurde er zum Mannschaftsarzt geschickt. Der Arzt wog und vermaß ihn, nahm ihm Blut ab, und wie sich herausstellte, hatte Leo eine Hormonstörung. Wenn der Körper nicht genügend Wachstumshormone produziert, kann das zu verschiedenen Problemen führen: Einige Kinder bekommen verspätet Zähne, andere sind dauerhaft erschöpft oder entwickeln zu schwache Muskeln. Am deutlichsten wird es, wenn ein Kind nicht so groß ist wie für sein Alter normal. Eines von etwa 20 000 Kindern weltweit hat die gleiche Störung wie Leo, allerdings kann man dagegen etwas unternehmen: Leo bekam Spritzen mit Wachstumshormonen, damit er groß und stark werden konnte.

Er fand es nicht gerade toll, sich jeden Abend die Spritze zu setzen, wollte aber unbedingt größer werden. Ohne die Hormontherapie würde er ein halbwegs passabler Fußballer werden – aber auch der beste? Leo sagt inzwischen, dass er nur deshalb schneller und wendiger war als die anderen, weil er so klein war, während Fußballexperten sich bis heute fragen, ob das gereicht hätte, um sich in die beste Liga der Welt hochzukämpfen. Mit 13 war Messi 1,37 Meter groß, und das Geld reichte nicht mehr für die teuren Spritzen, die etwa 900 Euro kosteten – pro Monat! Argentinien war zu jener Zeit ein armes Land und steckte in einer Wirtschaftskrise, sodass die Familie Messi sich genötigt sah, einen Entschluss zu fassen. Ihnen war klar, dass Leo es weit bringen könnte, aber wenn er es wirklich schaffen wollte, dann musste er dafür nach Europa. Ein Talentscout namens Josep Maria Minguella hatte bereits die Fühler nach Leo ausgestreckt, und Minguellas Visitenkarte brannte in Papas Tasche.

ÜBER DEN ATLANTIK

Eines Tages im September fragten sich Leos Kumpels, wo er bloß steckte; mitten in der Saison war sein Platz auf der Spielerbank leer geblieben, und nicht mal der Trainer hatte eine Ahnung, was los war. Irgendwer meinte, er sei wohl krank. In Wahrheit hatte einige Tage zuvor der Talentscout angerufen, und Leo saß in einem Flugzeug nach Spanien, wo er ein Probetraining bei einem der besten Vereine der Welt absolvieren sollte: beim FC Barcelona. Allein das war schon ein Traum! Die Familie hoffte inständig, dass Leo gut genug war, um dort unter Vertrag zu kommen. Ob auch dieser Traum wahr würde, sollte sich bald zeigen.

Nur Stunden nachdem Leo in Barcelona gelandet war, fand das Probetraining statt. Die anderen im Nachwuchskader kannten das schon, dass immer wieder Neue auftauchten, die beim Training beobachtet wurden. Die meisten davon kamen und gingen, doch mit Leo war das komplett anders, erinnern sich seine Mannschaftskameraden. Er war wahnsinnig still, schüchtern und klein. „Der sieht aus wie ein Zwerg“, tuschelten einige hinter seinem Rücken. Cesc Fàbregas, einer von Leos künftigen Mitspielern, erzählte später einmal, dass alle damit rechneten, dass dieser Junge grottig wäre.

Doch Leo war großartig! Mit seinem Papa als Unterstützung traute er sich nach einer Weile, seinen eigenen Stil zu spielen, und schoss beim Training ein Tor nach dem anderen. Ein paar Vereinsbosse waren immer noch skeptisch, auch wenn keiner von ihnen das heute zugeben würde: Niemand will schließlich derjenige sein, der Nein gesagt hätte zum größten Talent aller Zeiten. Aber noch war Leo klein und schüchtern. Würde er sich je durchsetzen? Am Ende wurde der Vereinspräsident höchstpersönlich dazugerufen, um zu entscheiden. Niemand wollte allein die

Verantwortung übernehmen und einen zu klein geratenen 13-jährigen Argentinier unter Vertrag nehmen, der sich vielleicht als Flop erweisen würde. Nicht aus allen guten Jugendspielern werden gute Profis, und damals passierte es noch nicht allzu oft, dass die großen Klubs so junge Spieler anwarben.

Es dauerte noch eine Weile. Doch im Dezember 2000 unterschrieb Leo bei Barcelona – der Legende zufolge auf einer Papierserviette. Diese Serviette sollte sich als wichtigster Vertrag in der Vereinsgeschichte erweisen. Ein paar Monate später kam hochoffiziell ein Zweijahresvertrag.

Die erste Zeit in Barcelona war für Familie Messi nicht einfach. Sie waren sozusagen Einwanderer in einem fremden Land mit fremden Sitten und Gebräuchen. Nur zögerlich lernte er die neuen Mannschaftskameraden kennen, die Leo für hoffnungslos still und zurückhaltend hielten. Außerdem verletzte er sich schon nach wenigen Monaten und durfte eine Zeit lang gar nicht mehr spielen. Leo hatte sein Leben in Rosario dem Fußball geopfert – und jetzt war er gezwungen, zu Hause zu sitzen und sich zu schonen! Zudem bezahlte der Verein nicht die komplette Summe, die man Papa Jorge versprochen hatte, und Verunsicherung schlich sich ein. In der Schule lief es so lala. Leo konnte sich nur schwer motivieren. Außer ihm selbst sehnten sich alle wieder zurück nach Rosario. Doch er war noch nicht bereit, seinen Traum wieder aufzugeben. Am Ende beschlossen sie, dass die Mutter mit den Geschwistern zurück in die Heimat ziehen sollte, während Papa Jorge bei Leo in Barcelona bleiben würde.

Jetzt ging das einsame Leben als Nachwuchsspieler in einem Megaverein erst richtig los. Jeden Morgen wurden die Jugendlichen beim Trainingszentrum La Masia gegenüber vom Stadion aufgelesen und zur Schule gefahren. Nach der Schule aßen sie zusammen zu Mittag und trainierten. Abends zogen sich die anderen auf ihr Zimmer zurück, doch Leo wohnte nicht wie sie in der Jugendakademie, sondern mit seinem Papa in einer Wohnung. Oft schloss er sich in seinem Zimmer ein. In

einer Messi-Biografie steht, dass er seine Mama vermisst habe und deshalb traurig war. Die beiden sahen sich zwar per Videochat, aber fast jedes Mal weinten sie beide. Einige Jahre später ließ sich Leo ein Porträt seiner Mutter auf die linke Schulter tätowieren, womöglich um sie auf diese Weise immer nah bei sich zu haben.

Wenn man als Teenager seine Familie und seine Freunde zurücklässt, um auf eine Zukunft als erfolgreicher Fußballer zu setzen, kann das ungeheuer schwer sein. Es gibt Schilderungen von Jugendlichen, die schon als Zwölfjährige ins Ausland gegangen sind, um Fußballprofis zu werden, und dann mit 17 wieder nach Hause zurückkehren mussten. Sie waren zwar gut gewesen, aber nicht so gut, wie die anderen es sich erhofft hatten. Und die Einsamkeit hatte ihnen zugesetzt. Das Leben als Fußballprofi lag ihnen einfach nicht. In vielen Fällen hatten sie bis dahin viel Lernstoff in der Schule verpasst, alte Freunde und den engen Kontakt zur Familie verloren.

Für Leo war das Leben in Barcelona jedoch all diese Opfer wert. Er liebte das Training. Die Spiele selbst waren seine Bühne, auf der er zeigen konnte, was er draufhatte. Der Fußball stellte einfach seinen Lebensinhalt dar. In der Freizeit spielte er mit seinen Mannschaftskameraden Fußballtennis oder auf der PlayStation FIFA. Meistens gewann er. Leo war wirklich der geborene Gewinner.

MASSENHAFT TORE

Mit jeder Saison kam Leo der ersten Mannschaft näher. Mit jedem Spiel übernahm er mehr Verantwortung. Allein in der Saison 2003/2004 spielte er innerhalb des Vereins in fünf Mannschaften. Einer der Trainer sagte einmal, Leo habe in jenem Jahr zehn Papas und 75 Brüder gehabt – sämtliche Trainer und Mannschaftskollegen. Wenn man alle Spiele zusammennahm, schoss er mehr als 50 Tore. Leos Papa Jorge konnte es gar nicht fassen. Die arme Familie, die sie zuvor gewesen waren, hatte mit einem Mal alles, wovon sie je geträumt hatten: „Es kam alles so schnell, dass wir kaum Zeit hatten, die Ereignisse zu verarbeiten oder den Erfolg auch nur richtig zu genießen“, erinnerte sich der Papa.

Vier Jahre nachdem er Rosario verlassen hatte, gab Leo sein Debüt in der ersten Mannschaft – in einem Stadion, das nur ein paar Hundert Meter entfernt von jenem Hotel stand, in dem er seine erste Nacht in Barcelona verbracht hatte. Leo wurde in der 82. Spielminute eingewechselt und war somit nicht wahnsinnig lang auf dem Platz, aber er sagte hinterher: „An diese zehn Minuten werde ich mich für den Rest meines Lebens erinnern.“

Im darauffolgenden Jahr, als er genau 17 Jahre, zehn Monate und sieben Tage alt war, schoss er sein erstes Tor in einem Spiel der ersten Liga, und seither hat er so gut wie alles gewonnen, was ein Fußballer je gewinnen könnte – und zwar gleich mehrfach: Er war alles in allem zehnmal spanischer Meister und viermal Champions-League-Sieger. Er war bei mehr als 140 Länderspielen dabei und wurde mit Argentinien 2008 Olympiasieger. Er hat sich als Weltfußballer des Jahres sechsmal den „Goldenen Ball“ geholt, den Ballon d'Or – und seine Karriere ist noch nicht vorbei!

Trotz aller Erfolge beschreiben viele, die Leo persönlich kennen, ihn immer noch als den schüchternen Jungen, der er in Rosario war, als er auf brachliegenden Grundstücken mit seinen Kumpels Fußball spielte und die Tricks seiner großen Vorbilder imitierte, die er im Fernsehen gesehen hatte – nur dass er inzwischen knapp 1,70 Meter groß ist und nicht mehr der Kleinste von allen.

Vielleicht war die Körpergröße trotz allem der Schlüssel zu seinem Erfolg. Selbst wenn Leo es damals, als die anderen noch hinter seinem Rücken tuschelten, nicht so sehen wollte: Klein zu sein kann auf dem Fußballplatz Vorteile haben. Leo besaß dadurch die bessere Ballkontrolle, er war beweglicher und schneller als andere. Das Wichtigste für Leos Erfolge war jedoch, dass er Fußballspielen liebte, hart trainierte und nie von seinem Traum abließ, der Beste der Welt zu werden – trotz aller Widrigkeiten. ◆

MENSCHENRECHTSAKTIVIST

NKOSI JOHNSON

GEBOREN 1989 • SÜDAFRIKA

DER JUNGE, der auf der Bühne sprach, hatte nicht mehr lang zu leben. Er war klein und dünn und trug einen dunkelblauen Anzug über einem weißen Hemd. An der Brust steckte eine rote Schleife, das Symbol für die Infektionskrankheit Aids. Mit ernstem Blick sah er ins Publikum und sagte: „Wir sind normal. Wir haben Hände. Wir haben Füße. Wir können gehen, wir können reden, wir haben Bedürfnisse genau wie alle anderen. Habt keine Angst vor uns – wir sind alle gleich."

HIV/AIDS

Nkosi Johnson wurde 1989 als Xolani Nkosi in Südafrika geboren, in einem kleinen Dorf unweit von Johannisburg, der größten Stadt des Landes. Der Name Nkosi, ursprünglich sein Nachname, bedeutet in der Sprache der Zulu „Anführer". Womöglich erhielt er den Namen als Zeichen, dass er sich eines Tages für Kinder in ganz Südafrika starkmachen würde, und das, obwohl die Anfänge seines Lebens alles andere als einfach waren.

Nkosi kam nämlich mit dem HI-Virus im Körper zur Welt. Das hatte seine Mutter ihm bei der Geburt übertragen. Das HI-Virus (oder HIV) kann mit der Zeit dazu führen, dass man eine Krankheit namens Aids bekommt. Heute gibt es hierzulande und in der übrigen westlichen, wohlhabenden Welt Medikamente, die das Fortschreiten der Virusinfektion unterbinden, sodass die Viren annähernd verschwinden und Erwachsene wie Kinder gar nicht erst an Aids erkranken. Doch diese Medikamente sind teuer. In ärmeren Ländern müssen immer noch viele sterben, obwohl man das verhindern könnte.

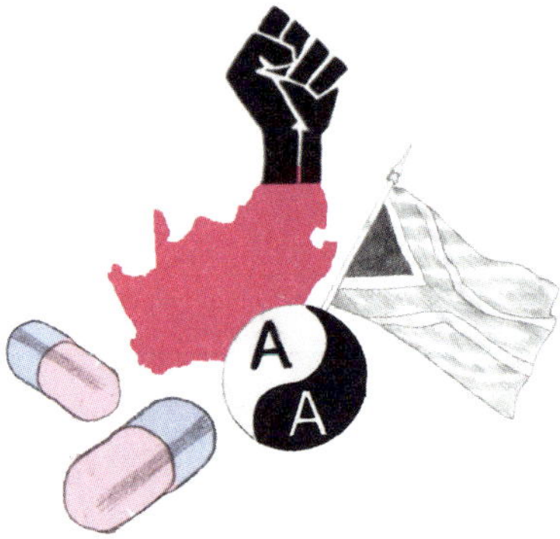

Südafrika, Nkosis Heimat, war und ist bis heute eines der am schlimmsten von HIV betroffenen Länder der Welt. Das liegt unter anderem daran, dass die Regierung die HIV-Epidemie nicht ernst genug nahm und den Menschen nicht half, sich vor der Infektion zu schützen. Es hat aber auch damit zu tun, dass in Südafrika lange Jahre ein politisches System namens Apartheid herrschte. Apartheid bedeutet „Getrenntheit" und meint die Unterscheidung in weiße Menschen, die angeblich mehr wert waren, und Menschen mit anderer Hautfarbe. Schwarze wie Nkosi galten als minderwertig und durften nur in bestimmten Siedlungen wohnen, nur bestimmte Berufe ausüben, nur untereinander heiraten und in ausgewiesene Schulen gehen. Schwarze bekamen auch nicht die gleiche Gesundheitsversorgung wie Weiße.

Als Nkosi zur Welt kam, hatten viele Menschen Panik vor HIV, weil es zu jener Zeit noch keine wirksamen Medikamente für alle gab. Manchen Menschen war nicht klar, dass man sich nur beim Geschlechtsverkehr ohne Kondom mit dem Virus infizieren kann. Außerdem wird HIV über das Blut übertragen. Beim Küssen, Umarmen oder im ganz normalen Alltag dagegen kann man sich nicht anstecken. Aber weil das manche Menschen nicht wussten, wurden viele HIV-Infizierte wie Schwerverbrecher behandelt. Wer immer sich traute zu erzählen, dass er HIV/Aids hatte, wurde gemobbt und aus der Gemeinschaft verstoßen. Auch Nkosi musste unter dieser Unwissenheit der anderen leiden.

Als er geboren wurde, hatte sein Papa die Familie schon seit Langem verlassen. Mama Daphne tat, was sie konnte, um sich um Nkosi zu kümmern. Sie arbeitete als Helferin bei einem Damenfriseur, und wenn sie zur Arbeit musste, kam ihr Sohn zu einer Tagesmutter.

Die kleine Familie lebte von der Hand in den Mund. Irgendwann ging es Nkosi nicht mehr gut. Er bekam Tuberkulose, eine Lungenkrankheit. Daphne machte sich Sorgen, dass Nkosi an Tagen, wenn sie arbeiten musste, vielleicht seine Medikamente nicht nahm. Dann wurde auch Mama Daphne krank. Als sie zum Arzt ging, stellte der fest, dass Daphne an Aids erkrankt war. Erst jetzt dämmerte ihr, dass Nkosi vielleicht nicht nur Tuberkulose hatte, sondern dass er in Wahrheit zu den Tausenden südafrikanischen Kindern gehörte, die an Aids sterben würden.

EIN HEIM FÜR NKOSI

Schlagartig wurde Daphnes Leben kompliziert. Sie musste ihren Job aufgeben, weil sich niemand die Haare von einer Aidskranken waschen lassen wollte. Ihre Verwandten durften nichts davon erfahren; Daphne hatte Angst, dass sie sonst den Kontakt zu ihr abbrechen würden. Und weil sie selbst krank war, sah sie keinen anderen Ausweg, als Nkosi in ein Heim für HIV-infizierte Kinder zu stecken. Da war er gerade mal zwei Jahre alt. Das Heim wurde von Leuten geleitet, die schon oft hatten mit ansehen müssen, wie Aidskranke in der letzten Lebensphase alleingelassen wurden, weil die anderen Angst vor einer Ansteckung hatten. Eine der Heimleiterinnen hieß Gail Johnson. Sie wusste, wie wichtig es war, offen über HIV/Aids zu sprechen, und dass man sich für die Krankheit nicht schämen musste.

Laut Kinderrechtskonvention – das ist eine Sammlung international gültiger Regeln, die in zahlreichen Ländern denselben Rang wie Gesetze haben – steht Kindern das Recht auf eine sichere Unterbringung zu, und die Erwachsenen müssen sicherstellen, dass jedes Kind bekommt, was es benötigt. Auch wenn das Leben im Heim immer noch besser war, als auf der Straße zu sitzen, hatte man dort trotzdem keine richtige Familie. Viele erwachsene Helfer blieben nicht lang, und Nkosi fiel es schwer, zu irgendjemandem eine engere Bindung aufzubauen. Doch jeder Mensch braucht Nähe, um Selbstvertrauen zu entwickeln, jemand anderen lieben zu können und auch mit schwierigen Situationen im Leben klarzukommen. Deshalb war Nkosi zu allen freundlich und kletterte auch mal auf den Schoß eines zufälligen Besuchers.

Als der Heimleitung eines Tages das Geld ausging, musste das Heim schließen.

Zuvor hatte Nkosi die Wochenenden hin und wieder bei Gails Familie verbracht. Jetzt wollte Gail, dass Nkosi ganz zu ihnen zog. Sie hatte schon mehrere gute Freunde durch Aids verloren und wusste, wie schwer es für die Kinder wurde, wenn die Eltern an der Krankheit starben. „Ich wollte mehr, als bloß Reden zu schwingen", erzählte Gail. „Und da war Nkosi. Ich musste bloß meine helfende Hand ausstrecken."

Vor dem Umzug fragte Gail Daphne, ob sie Nkosis Pflegemama werden dürfe. Daphne sagte Ja, weil sie in ihrem Heimatdorf für ihren kranken Sohn keine Zukunft mehr sah. Also zog Nkosi bei Gail, ihrem Mann Alan und den zwei Kindern ein, hielt aber weiter Kontakt zu seiner Mama. „Ich weiß, dass sie mich sehr liebte, und sie kam wann immer möglich zu Besuch", hat Nkosi mal gesagt. Gail wünschte sich für Nkosi, dass er aufwachsen durfte wie andere Kinder, obwohl er aidskrank war. Er sollte sich geliebt fühlen, spielen und zur Schule gehen – doch ausgerechnet der Schulbesuch erwies sich als gar nicht so unproblematisch.

VIELE VORURTEILE, KEINE SCHULE

Nkosi war schwarz und der Rest der Familie weiß; sie wohnten in einem reichen Vorort von Johannisburg namens Melville, wo es nur wenige Familien gab, die weiße und schwarze Familienmitglieder hatten.

Als Nkosi eingeschult werden sollte, war die Antwort Nein.

Er dürfe nicht zur Schule gehen.

Die Schule wollte ihn nicht, weil er HIV-infiziert war.

Die Hälfte der Lehrer und der Eltern hatten sich dagegen ausgesprochen. Sie behaupteten, Nkosi wäre ein Gesundheitsrisiko für die anderen Kinder – obwohl HIV nicht beim Spielen oder im Unterricht übertragen wurde.

Gail, die besser über die Krankheit Bescheid wusste, weigerte sich, die Absage hinzunehmen. Sie dachte auch an all die anderen Kinder, die ebenfalls HIV/Aids hatten und zur Schule gehen wollten. So schnell würde sie nicht aufgeben. Stattdessen reichte sie gegen die Schule eine Klage wegen Diskriminierung ein. Eine Klage einzureichen bedeutet, einem Gericht die Entscheidung anzuvertrauen, ob ein

Sachverhalt mit gültigen Gesetzen übereinstimmt oder dagegen verstößt. Gail wusste, dass alle Kinder das Recht auf Schulbildung hatten, und kein Kind sollte nur aufgrund von Furcht oder Unkenntnis anders behandelt werden.

Und plötzlich redeten alle darüber, wie Südafrika mit seinen HIV-infizierten und aidskranken Kindern umsprang. Innerhalb weniger Tage gab Nkosi fast 40 Interviews in Zeitungen, im Radio und Fernsehen. Jedes Mal erzählte er, dass er nicht gefährlich sei und einfach nur wie jedes andere Kind in die Schule gehen wolle.

Nkosi wurde landesweit bekannt.

In der Schule in Melville mussten jetzt die Lehrer selbst Unterricht nehmen, um etwas über HIV/Aids und die Infektionswege zu lernen.

SINNESWANDEL

Dann wurde das Urteil gesprochen: Nkosi durfte endlich zur Schule gehen!

Die südafrikanische Regierung arbeitete einen Gesetzesentwurf aus, in dem allen Kindern mit HIV/Aids das Recht auf den Schulbesuch zugesichert wurde. Das Gesetz trat zwei Jahre später in Kraft.

Einer von denen, die gegen Nkosis Einschulung gewesen war, war der Schuldirektor Badie Badenhorst. Es dauerte aber nicht lang, bis ihm dämmerte, dass er falschgelegen hatte. Er wurde sogar zu einem von Nkosis besten Freunden. Der Direktor beschrieb seine Erinnerung an Nkosi folgendermaßen:

„Jeden Morgen kam er in mein Büro, wir tranken heiße Schokolade und redeten. In der Mittagspause hatte er genau wie die anderen Kinder ein Lunchpaket dabei, doch das versteckte er, kam zu mir und erzählte, er hätte Hunger. Ich konnte einfach nicht anders, also ging ich los und besorgte Pizza, und dann saßen wir wieder zusammen in meinem Büro. Pizza war sein Leibgericht."

Eines Tages klingelte zu Hause in Melville das Telefon. Es war Nkosis Tante, die mit Gail sprechen wollte. Sie berichtete, dass Nkosis Mama Daphne im Schlaf an Aids gestorben war. An diesem Tag konnte Nkosi gar nicht mehr aufhören zu weinen. Er trauerte von ganzem Herzen um seine leibliche Mutter. Daphnes Familie war weiterhin ein wichtiger Teil seines Lebens, aber manchmal fiel es ihm schwer zu entscheiden, wo er wirklich hingehörte. Gail, Alan und die Geschwister in Melville verkörperten den Alltag, an den er sich inzwischen gewöhnt hatte.

Monat um Monat ging es Nkosi schlechter, doch mithilfe von Medikamenten konnte er sowohl in der Schule als auch zu Hause weiter ein aktives Leben führen. Er hatte viele Freunde. Manche suchten seine Nähe, weil er mittlerweile berühmt war, für andere spielte das keine Rolle. Nkosi war auch weiterhin ein Vorkämpfer für HIV-infizierte und aidskranke Kinder.

Gemeinsam mit Gail arbeitete er hart dafür, ein Heim für arme aidskranke Mütter zu gründen, die dort mit ihren Kindern wohnen sollten. Nkosi wünschte sich überdies, dass die Kinder dort bleiben durften, wenn ihre Mütter gestorben waren, und dass sie weiter zur Schule gehen durften und nicht auf der Straße landeten. Schließlich sah Nkosi, wie schlecht es vielen Kindern erging, wenn sich niemand mehr um sie kümmerte. Um Spenden zu sammeln, hielt er Vorträge über Aids, und Gail konnte mehrere Firmen als Sponsoren gewinnen. Zwei Jahre nach ihrem ersten Sieg um Nkosis Schulbesuch kam dann der nächste: 1999 eröffnete das erste Heim unter dem Namen Nkosi's Haven, was in etwa so viel heißt wie „Nkosis Zufluchtsort".

Am selben Nachmittag rief der amtierende südafrikanische Präsident Nelson Mandela an. Er wollte Nkosi kennenlernen. Nkosi war überglücklich, denn er hatte Mandela immer bewundert. Mandela war ein Freiheitskämpfer und die Schlüsselfigur im Kampf gegen die Apartheid gewesen. 1994, drei Monate nach Nkosis fünftem Geburtstag, wurde Mandela durch eine historische Wahl zum ersten schwarzen Präsident des Landes. Mandela fragte Nkosi, ob er auch Präsident werden wolle, wenn er mal groß sei, und Nkosi antwortete: „Nein, ich glaube nicht. Das klingt nach viel zu viel Arbeit." Diese Antwort fand Mandela echt lustig. Schließlich arbeitete Nkosi jetzt schon richtig viel!

ÜBER PROBLEME REDEN

Nkosi wusste, dass er wahrscheinlich gesund zur Welt gekommen wäre, wenn seine Mama Daphne während der Schwangerschaft HIV-Medikamente bekommen hätte. Er dachte darüber nach, wie es sein konnte, dass heute immer noch so viele Kinder an Aids erkrankten und sterben mussten, obwohl es inzwischen Medikamente gab. Dies war eine der Fragen, die Nkosi sofort durch den Kopf schossen, als Gail ihm erzählte, er habe eine Einladung zu einer großen Aids-Konferenz in der Stadt Durban bekommen. 10 000 Menschen würden im Publikum sitzen und Millionen Menschen vor den Fernsehern zuschauen. Das klang unheimlich, aber auch enorm wichtig. Also sagte er Ja. Seine Rede begann mit den Worten: „Hallo, ich heiße Nkosi Johnson. Ich bin elf Jahre alt und habe Aids."

Die Rede wurde auf der ganzen Welt gehört, und mit einem Mal war die HIV-Epidemie in Südafrika ein Problem, über das offen geredet wurde. Weltweit berichteten Zeitungen und Fernsehsender über den Jungen, der gefordert hatte, dass es mehr als einer Million aidskranker Kinder besser gehen sollte. Viele fanden Nkosi irre mutig. Der Einzige, der nicht applaudierte, war Nelson Mandelas Nachfolger als Präsident, Thabo Mbeki. Als Nkosi die südafrikanische Regierung dafür kritisierte, dass sie bei der Hilfe für die HIV-Infizierten und Aidskranken im Land versagt hatte, stand der Präsident auf und verließ den Saal.

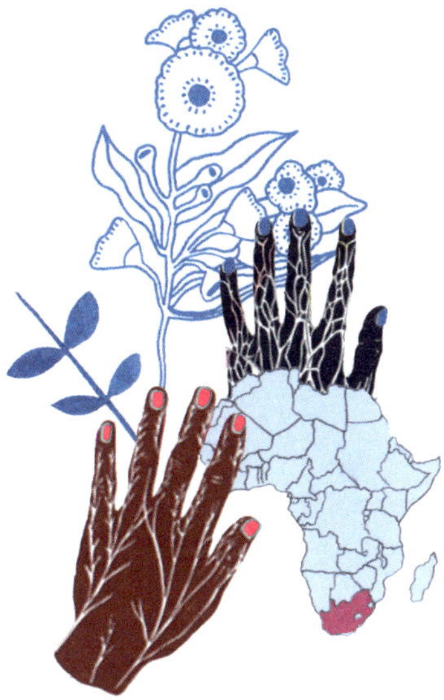

Nkosi durfte in die USA reisen und dort von seinem Leben erzählen. Es wurden mehrere Dokumentarfilme über seine Arbeit gedreht, und die Autorin Jane Fox schrieb ein Buch über ihn mit dem Titel Nkosi's Story. Allerdings halfen die Aufmerksamkeit und die Erfolge nicht, seinen Gesundheitszustand zu verbessern. Nkosi ging es immer schlechter, obwohl er Medikamente bekam. Zu Hause in Melville bekam er viel Besuch, und alle waren traurig, als ihnen dämmerte, wie schwer krank Nkosi war. Sie hofften inständig, dass es noch mal aufwärtsgehen würde. Gail und Nkosi redeten viel über den Tod. Einmal sagte er, dass er Gail nicht im Stich lassen und enttäuschen wolle. Gail antwortete, dass sie ihn unendlich vermissen werde und niemand je seinen Platz einnehmen könne. Am 3. Februar 2001 war Nkosi schon zu krank, um seinen Geburtstag feiern zu können. Er konnte nicht mal mehr Geburtstagskuchen essen; trotzdem kämpfte er weiter. Doch am 1. Juni 2001 starb Nkosi im Schlaf – am Internationalen Kindertag. Nkosi wurde zwölf Jahre alt.

Nach seinem Tod verneigte sich das ganze Land vor ihm. Kinder schickten Briefe und Kuscheltiere. Ein kleines Mädchen schrieb: „Nkosi, ich liebe dich, du bist mein Held! Du hast bis zum Schluss gekämpft, doch jetzt darfst du hoffentlich deine Ruhe finden. Ich werde dich vermissen." Der frühere Präsident Nelson Mandela sagte: „Es ist eine große Tragödie, dass dieser junge Mann gehen musste. Beim Umgang mit einer so großen Krise ging er mit gutem Beispiel voran. Er war sehr mutig und hat viele Menschen berührt." Nkosi Johnson wurde wie ein Held beerdigt. Er hatte Tausende Menschen von seiner Botschaft überzeugt. Und die kamen jetzt, um von ihm Abschied zu nehmen.

Wie sich zeigen sollte, wollten auch Kinder auf der ganzen Welt Nkosi ehren. Posthum bekam er den „Kindernobelpreis" verliehen, den World's Children's Prize for the Rights of the Child. Über die jährliche Vergabe des Preises entscheiden Kinder aus aller Welt. Nkosi bekam ihn, weil er den vielen aidskranken Kindern Südafrikas ein Gesicht und ihre ureigenen Rechte zurückgegeben hatte.

Gail engagiert sich weiter an diversen Standorten in Südafrika für Nkosi's Haven. Dort wird HIV-infizierten Müttern und Kindern geholfen, gemeinsam ein gutes Leben zu führen, sodass sie nicht auseinandergerissen werden, wenn sie krank werden, wie es Nkosi und seiner Mama passiert ist.

Nkosi war eine Leitfigur im Kampf gegen HIV/Aids. Was er aber darüber hinaus hinterlassen hat, ist der Appell zur Einhaltung des Rechts aller Kinder auf eine umsorgte Kindheit – und die Erinnerung daran, dass Vorurteile fast immer auf Ängsten und Unwissenheit beruhen. ◆

KINDER- UND FRAUENRECHTSAKTIVISTIN

MALALA YOUSAFZAI

GEBOREN 1997 • PAKISTAN & GROSSBRITANNIEN

DAS PUBLIKUM hörte gar nicht mehr auf zu applaudieren. Als jüngste Person aller Zeiten hatte Malala Yousafzai soeben den Friedensnobelpreis entgegengenommen. Sie lächelte scheu und sah sich im Festsaal um. Die Menschen waren von ihren Plätzen aufgestanden und jubelten ihr zu. Malalas Eltern strahlten vor Stolz. Sie wussten, wie viel ihre Tochter geopfert hatte, indem sie sich dafür einsetzte, dass alle Mädchen zur Schule gehen durften. Sie wussten auch, dass ihr Kampf hier im strahlenden Rampenlicht zwischen all den Promis noch nicht vorbei wäre. Malala hielt ihre goldene Medaille hoch. Der Applaus wurde noch einmal stärker. Bildung ist laut der Allgemeinen Erklärung der Menschenrechte der Vereinten Nationen ein weltweit gültiges Menschenrecht; trotzdem müssen ausgerechnet Kinder nach wie vor für ihre Rechte kämpfen.

FREIHEIT UND DEMOKRATIE

Malala wuchs in Mingora auf, einer Stadt an einem der schönsten Fleckchen der Erde: im pakistanischen Swat-Tal. Sie gehört der Volksgruppe der Paschtunen an, die sowohl in Pakistan als auch im benachbarten Afghanistan ansässig sind. Als Malala zur Welt kam, wünschten sich ihre Eltern, dass sie sich eines Tages stark und bedeutungsvoll fühlen würde, und nannten sie nach einer afghanischen Nationalheldin namens Malalai. Malalai war für die Freiheit ihres Landes in den Krieg gezogen und hatte gewonnen. „Mein Name war Papas Art, die Gesellschaft zu ermahnen. Er wollte, dass der Name meiner Stimme Nachdruck verlieh", hat Malala mal erzählt.

Malalas Papa, Ziauddin, war in Pakistan als politischer Aktivist bekannt. Damals leitete er gerade eine Mädchenschule. Malalas Mama, Toor Pekai, war Hausfrau und kümmerte sich um Malala und ihre zwei kleinen Brüder. Die Familie lebte in einem zweckmäßigen, aber gemütlich eingerichteten Haus in Mingora. „Wir waren nicht wahnsinnig reich, aber wir waren reich an Werten", hat Malala erzählt.

Malala durfte ihren Papa oft bei Treffen mit anderen Streitern für die Demokratie begleiten. Er ermutigte sie, offen zu sagen, was sie wollte oder dachte. In einer Gesellschaft, in der es nicht selbstverständlich war, dass Mädchen und Frauen ihre Ansichten äußerten, stach sie hervor. Sie selbst wies jedoch immer darauf hin, dass sie ein Mädchen wie alle anderen sei. Doch wenn sie Eltern wie alle anderen gehabt hätte, wäre sie wahrscheinlich längst verheiratet worden und hätte schon als Teenager Kinder bekommen. Stattdessen hörte sie tagtäglich, wie wichtig es sei, zur Schule zu gehen und für die eigene Zukunft Verantwortung zu übernehmen.

Es gibt 1000 Gründe, warum Mädchen auf der ganzen Welt nicht zur Schule gehen. Ein Teil stammt aus armen Verhältnissen und muss zu Hause bleiben, weil sich die Eltern die Schulgebühren nicht leisten können. Andere müssen bei der Arbeit mit anpacken oder werden früh verheiratet. Wieder andere können nicht zur Schule gehen, sobald sie ihre Tage haben, weil sie keine Hygieneartikel bekommen oder weil es keine Schultoiletten gibt. In bestimmten Regionen haben religiöse Anführer entschieden, dass Mädchen keine Ausbildung bekommen dürfen – und so war es auch in den Regionen Pakistans, wo die Taliban an der Macht waren.

DIE REGELN DER TALIBAN

Malala war zehn, als die Taliban im Swat-Tal die Kontrolle über Menschen, Städte, Bergzüge, Wälder und den Fluss Swat unten im Tal übernahmen. Die Taliban wollten neue Gesetze einführen, die darüber bestimmten, was die Einwohner tun durften und was nicht. Diese Gesetze nennen sich Scharia und beruhen auf einer

superstrengen Auslegung des Korans, der heiligen Schrift der Muslime. In der Scharia werden Frauen wesentlich schärfere Regeln auferlegt als Männern.

Die Taliban bestimmten außerdem, dass Mädchen und Frauen ab sofort, sobald sie das Haus verließen, eine Burka tragen mussten: ein langes Stoffgewand, das den kompletten Körper von Kopf bis Fuß bedeckt.

Sobald sie vor die Tür gingen, durften Frauen auch nicht mehr reden.

Sie durften abgesehen vom eigenen Ehemann, Vater oder den eigenen Brüdern keine Männer mehr treffen.

Bilder von Mädchen und Frauen im Fernsehen, in Zeitungen oder Büchern wurden verboten. Frauen durften nicht einmal mehr auf dem eigenen Balkon zu sehen sein.

Und Mädchen durften nicht mehr zur Schule gehen.

Die Taliban verboten außerdem nichtreligiöse Musik. Das Swat-Tal, in dem Malala lebte, war bekannt für seine Musik- und Tanztradition, doch dann wurden mehrere bekannte Tänzer ermordet. Ihre Leichen wurden regelrecht ausgestellt – als Ermahnung, was passieren konnte, wenn man die Regeln der Taliban nicht befolgte.

Die Taliban ermordeten Menschen für die nichtigsten Dinge: weil der Bart eines Mannes nicht lang genug war oder weil eine Frau sich die Fingernägel lackiert hatte, erzählte Malala mal in einem Interview.

Nach und nach zogen die Taliban immer mehr Menschen auf ihre Seite; immer mehr schlossen sich ihren Ansichten an. Discos und DVD-Läden wurden von den Betreibern freiwillig geschlossen, sobald sie die neuen Gesetze akzeptierten; doch Malalas Familie wollte sich nicht anpassen.

Bis Januar 2009 hatten die Taliban Hunderte Mädchenschulen im Swat-Tal zerstört.

DER WELT BERICHTEN

Die Bevölkerung war zusehends eingeschüchtert. Ausländische Medien berichteten fast täglich über den Taliban-Terror. Dann wollte der britische Sender BBC Urdu in Pakistan einem Mädchen, das noch zur Schule ging, die Möglichkeit eröffnen, auf der BBC-Webseite über seinen Alltag zu berichten. Sie fragten Malalas Papa, ob es in seiner Schule eine geeignete Schülerin gebe, doch von Ziauddins älteren Schülerinnen traute sich niemand. Sie hatten vor den Taliban Todesangst.

Also erzählte er Malala davon, seiner eigenen Tochter.

Und die sagte Ja.

Unter größter Geheimhaltung und Lebensgefahr fing sie an zu bloggen – und zwar unter Pseudonym. Das heißt, dass sie ihre Beiträge unter einem erfundenen Namen schrieb. Dieser Name lautete Gul Makai.

Am 3. Januar 2009 erschien der erste Blogbeitrag.

Gestern Nacht hatte ich einen schrecklichen Albtraum von Militärhubschraubern und den Taliban. Solche Träume habe ich, seit im Swat-Distrikt gekämpft wird. Meine Mutter machte Frühstück, und dann ging ich zur Schule. Ich habe Angst, zur Schule zu gehen, weil die Taliban ein Gesetz erlassen haben, das es Mädchen verbietet, zur Schule zu gehen. [...] Auf dem Heimweg hörte ich einen Mann sagen: „Dich bring ich um." Ich lief schneller, und nach einer Weile sah ich nach hinten, weil ich wissen wollte, ob der Mann mich noch immer verfolgte. Zu meiner großen Erleichterung telefonierte er mit seinem Handy und war wohl gerade dabei, jemand anderen zu bedrohen.

Malala berichtete in ihrem Blog von allen möglichen Ereignissen in ihrem Leben. Eines Tages kappten die Taliban das Fernsehkabel, sodass sie ihre Lieblingssendung *Mein Traumprinz kommt und heiratet mich nicht* mehr sehen konnte. Sie schilderte auch, wie sie mitten in der Nacht von Schüssen vor dem Haus geweckt wurde. Hauptsächlich aber schrieb sie über ihren täglichen Kampf, trotz des Taliban-Verbots weiter zur Schule gehen zu dürfen.

Mit der Zeit fingen die Mädchen an, statt ihrer blauen Schuluniformen unauffällige Kleidung zu tragen, um auf dem Schulweg keinen Verdacht zu erregen. Statt in eine Schultasche schoben sie ihre Schulbücher unter den Dupatta – einen langen Schleier, den sie sich umlegten. Das Schild mit dem Namen der Schule wurde abmontiert, damit die Taliban glaubten, die Schule wäre geschlossen.

Kurz vor den Winterferien schrieb Malala:

Diesmal waren die Mädchen weniger vorfreudig als sonst. Sie wussten genau, wenn die Taliban ihr Verbot durchsetzten, würden wir nach den Ferien nicht mehr zur Schule gehen können. [...] Ich glaube, eines Tages wird die Schule schon wieder öffnen, doch als ich ging, sah ich das Schulhaus an, als würde ich nie wieder dorthin zurückkehren.

Menschen auf der ganzen Welt fingen an, Malalas Blog zu lesen, auch wenn immer noch niemand wusste, wer sich hinter dem Namen Gul Makai verbarg. Doch sie war die Stimme all der Mädchen und Frauen geworden, deren Rechte von den Taliban eingeschränkt wurden. Irgendwann wurde ihr echter Name bekannt, und sie bekam Anfragen für Interviews. Dadurch erregte sie umso mehr Aufmerksamkeit. Malala traf politische Vertreter aus Pakistan und anderen Ländern der Welt und diskutierte mit ihnen darüber, wie wichtig Schulbildung war. Sie trat im Fernsehen auf. Sie gewann Preise. Doch die Bedrohung war allgegenwärtig: Denn sowie Malalas Name durchgesickert war, war sie auch zur Zielscheibe für die Taliban geworden – die durfte schließlich niemand ungestraft kritisieren!

Malalas Verwandte und Freunde machten sich große Sorgen, doch Malala erwiderte nur, sie müsse dem „Leitstern des Mutes“ folgen. In einem Fernsehinterview sagte sie mal, dass das schlicht und ergreifend ihre Art sei: „Ich bin bereit, allem und jedem die Stirn zu bieten. Selbst wenn sie mich umbringen sollten, habe ich vor, erst noch laut zu sagen, dass sie falsch handeln.“

DER SCHUSS

Am 9. Oktober 2012 war Malala 15 Jahre alt. Die Taliban hatten die Vorherrschaft im Swat-Tal zwar ein paar Jahre zuvor verloren, stellten aber immer noch eine Bedrohung für die Bevölkerung dar. Malala fuhr gerade mit ihren Klassenkameradinnen im Schulbus nach Hause; es war ein schöner Tag, und sie sangen paschtunische Volkslieder. Malala machte sich Gedanken über einen Aufsatz und die wöchentliche Prüfung, die sie würde schreiben müssen. Würde sie diesmal Klassenbeste sein?

Kurz vor Mingora hielt der Bus plötzlich an. Zwei Taliban-Kämpfer stiegen ein. Sie fuchtelten mit Schusswaffen herum und schrien die Mädchen an, die sich verängstigt auf ihren Sitzen zusammenkauerten.

Einer der Kämpfer wollte wissen, wer die berühmte Malala sei.

„Raus mit der Sprache!“, schrie er. „Sonst werdet ihr alle erschossen!“

Die Mädchen waren mucksmäuschenstill, doch einige spähten panisch in Malalas Richtung. Sie war die Einzige im ganzen Bus, die ihr Gesicht nicht verschleiert hatte. Der Kämpfer nahm die Waffe hoch und schoss Malala in den Kopf. Die Kugel streifte ihr Gehirn, trat im Nacken wieder aus und blieb in der Schulter stecken. Überall war Blut. Malalas beste Freundin Moniba berichtete später, wie Malala ihre Hand umklammert hatte, ehe sie bewusstlos geworden und auf Moniba gekippt war.

Der Angriff auf Malala veränderte schlagartig das Leben der kompletten Familie. Die ganze Welt reagierte entsetzt und angewidert auf den Mordanschlag, und viele wollten helfen. Malala wurde noch in Pakistan notoperiert, doch dann wurde sie mit ihrer Familie nach Birmingham in England geflogen. Dort standen die besten Ärzte bereit. Malala musste weitere Operationen über sich ergehen lassen. Erst nach einer guten Woche kam sie wieder zu Bewusstsein. Im Nachhinein erzählte sie, dass sie im Koma viel geträumt habe; in einem der Träume versuchte sie sich einzureden, dass sie nicht tot sei, dass sie unbedingt weiterleben müsse.

Die Taliban hatten auf Malala geschossen, weil sie für freiheitliche und demokratische Werte eingestanden war und auf das Recht auf Schulbildung für Mädchen beharrt hatte, das die Taliban ihnen verweigern wollten. Doch der Anschlag bewirkte das genaue Gegenteil: Das pakistanische Parlament erließ ein Gesetz, das allen Mädchen das Recht auf Bildung garantierte. Die Vereinten Nationen starteten unter dem Hashtag #IamMalala in sozialen Netzwerken eine Kampagne, die weltweit dazu aufrief, das Recht auf Bildung für Mädchen und Frauen sicherzustellen. Sowohl in Pakistan als auch in den Nachbarländern demonstrierten Menschen für die Freiheit und das Recht, zur Schule zu gehen.

Nach einigen Monaten durfte Malala das Krankenhaus in Birmingham verlassen. Inzwischen hatte ihr Leben eine andere Richtung eingeschlagen. Nach Pakistan zurückzukehren wäre für die Familie zu gefährlich gewesen. Stattdessen ließen sie sich in einem neuen Land nieder, in einer neuen Stadt, wo sie niemanden kannten.

EIN NEUES LEBEN

Es war nicht immer leicht. Malalas Mama Toor Pekai fühlte sich einsam. Ihr Haus in Mingora war immer voller Leute gewesen: Oft waren Verwandte zu Besuch gewesen, Nachbarinnen hatten auf einen Tee vorbeigeschaut, und arme Kinder bekamen bei ihnen etwas zu essen. Malalas Mama war gern schöne Kleider kaufen gegangen, doch in Birmingham konnte sie ihre neuen Sachen niemandem zeigen.

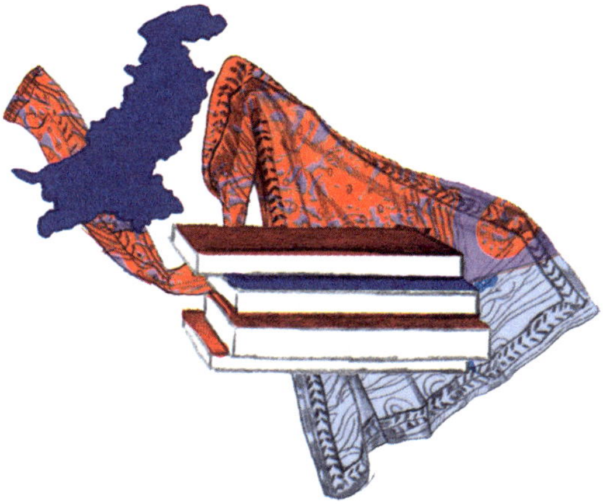

Auch Malala hatte anfangs Schwierigkeiten, sich in der neuen Kultur zurechtzufinden. „Wenn meine neuen Klassenkameraden einen Witz machten, verstand ich nicht, was daran lustig sein sollte. Das Gleiche passierte auch umgekehrt – über meine Witze lachte niemand. Aber mit der Zeit wurde es leichter." Pakistan und Großbritannien unterschieden sich auch in anderer Hinsicht – was Malala verblüffte: In Birmingham hielt sich jeder an Verkehrsregeln! Das hatte sie früher nie so erlebt.

Malala sehnte sich oft zurück ins Swat-Tal. In ihrem alten Klassenzimmer in Mingora war ihre Schulbank seit Monaten leer geblieben und wartete darauf, dass sie zurückkehrte. Und wer sollte mit Malka-e-Noor darum wetteifern, wer die Klassenbeste war? Außerdem vermisste Malala das gute Wetter. Sie vermisste ihre Freunde und die Verwandten. Eines Tages würde sie dorthin zurückreisen, da war sie sich sicher.

Trotzdem wurde das neue Leben in Birmingham allmählich zur Normalität. Malala ging auf eine Privatschule für Mädchen. Papa Ziauddin wurde Bildungsbeauftragter im pakistanischen Konsulat. Die beiden gründeten die Stiftung „Malala Fund", die Spenden sammelt, um Mädchen auf der ganzen Welt einen Schulbesuch zu ermöglichen. Malalas Geschichte ist sogar verfilmt worden, und ihr Buch *Ich bin Malala* hat sich weltweit über zwei Millionen Mal verkauft.

Malala, das Mädchen, das nach einer Nationalheldin benannt worden war, war um ein Haar umgebracht worden, nur weil sie auf ihr Recht auf Bildung beharrt hatte. Mittlerweile wollten sich alle mit ihr unterhalten, und die Wichtigsten der Welt wollten mit ihr Selfies machen. Sie hielt eine Rede bei den Vereinten Nationen in New York; sie besuchte US-Präsident Barack Obama und seine Familie im Weißen Haus. Im Buckingham-Palast trank sie Tee mit Königin Elisabeth II., und Popstar Madonna widmete ihr ein Lied. Sie wurde zu einer der bedeutendsten Persönlichkeiten der Welt gewählt, und ihr Gesicht erschien auf der Titelseite des berühmten *TIME Magazine*.

Unterdessen litt die eigene Ausbildung unter all diesen Aktivitäten, wie Malala zugegeben hat: „Natürlich muss ich auch Opfer bringen. Ich verpasse ganze Schultage, wenn ich auf Reisen bin. Ich schaffe es nicht immer, so viel Zeit fürs Lernen aufzubringen, wie ich eigentlich möchte. Das ist frustrierend, aber wenn ich daran denke, wie viele Millionen Kinder bis heute nicht zur Schule gehen können, weiß ich wieder, dass es richtig ist, so viel Zeit mit diesem Kampf zu verbringen."

Wer immer für eine Sache einsteht und Erfolg damit hat, macht sich auch Feinde. In Pakistan waren einige der Meinung, Malala bekomme zu viel Aufmerksamkeit. Ihre Kritiker fanden, es gebe zig Menschen, die ebenfalls ihr Leben geopfert hätten, um dem Taliban-Regime zu entkommen, und andere meinten, sie würde ihre Heimat schlechtreden. Gleichzeitig war Malala zum Vorbild für Millionen Schülerinnen geworden. „Viele Mädchen sind von Problemen wie Kinderehe, Kinderarbeit und Armut betroffen. Ich will die Mädchen in Pakistan dazu auffordern, für ihre Rechte einzustehen, ihre eigenen Bedürfnisse zu äußern und nicht darauf zu warten, dass jemand anders für sie Entscheidungen trifft."

NOBELPREIS

Eines Tages – Malala saß wie üblich in ihrer Klasse und hatte Chemie – rief jemand aus Norwegen an. Jemand vom norwegischen Nobelpreiskomitee. Feierlich wurde Malala eröffnet, dass sie den wichtigsten Friedenspreis der Welt bekommen sollte, der von Alfred Nobel gestiftet worden war: „für ihren Kampf gegen die Unterdrückung von Kindern und Jugendlichen und für das Recht aller Kinder auf Bildung", so die Begründung. Der Friedensnobelpreis ist eine der höchsten Auszeichnungen, die es überhaupt gibt. Man bekommt zwar auch umgerechnet fast eine Million Euro, allerdings finden die meisten Preisträger etwas anderes noch viel wichtiger: dass man auf der ganzen Welt gehört wird. So erreicht man noch mehr Menschen, die etwas verändern können.

Es war ein großer Tag, als Malala die Auszeichnung entgegennahm. Sie hatte sich zuvor genau überlegt, was sie in ihrer Rede sagen wollte. Das Wichtigste war, dass sich die Rede an alle Kinder richtete. Unter anderem sagte sie:

Dieser Preis ist nicht nur für mich. Er ist für die vergessenen Kinder, die Bildung wollen. Er ist für die verängstigten Kinder, die Frieden wollen. Er ist für die Kinder ohne eigene Stimme, die den Wandel wollen.

Der Wandel ist in vollem Gange. Fünf Jahre nach jenem Schuss im Schulbus, der Malala fast das Leben gekostet hätte, durfte sie endlich in ihr geliebtes Swat-Tal und in ihre Heimatstadt Mingora zurückreisen. Die Sicherheitsvorkehrungen waren gewaltig, und Malala wurde mit dem Hubschrauber eingeflogen. Sie traf den Präsidenten und mehr als 500 Verwandte und Freunde, die zusammengekommen waren, um sie zu feiern. Sie alle waren stolz auf Malalas Arbeit und darauf, dass ihretwegen mehr Kinder zur Schule gehen konnten. „Früher gab es hier viele Analphabeten, die ihre Töchter nicht zur Schule schickten", sagte ein Mann. „Jetzt sind die Leute vernünftiger."

Der bewegendste Augenblick jedoch war, als Malala ihr altes Zimmer in ihrem Haus in Mingora betrat. „Als ich an jenem Nachmittag 2012 nicht von der Schule heimkam, fragte sich meine Mutter, ob sie zu Hause je wieder auch nur für einen Moment mit ihrer Tochter zusammen sein würde. Als sie mich nun dort stehen sah, sagte sie: ‚Malala hat Pakistan mit geschlossenen Augen verlassen und ist mit weit offenen Augen wiedergekommen.'"

Der Mordanschlag auf Malala hat aufgezeigt, wie kontrovers das Recht auf Bildung für Mädchen in bestimmten Teilen der Welt bis heute gesehen wird. Mädchen werden tagtäglich diskriminiert und zum Schweigen gebracht, einfach nur, weil sie Mädchen sind.

Malala geht ihrer Überzeugungsarbeit bis zum heutigen Tag nach. Inzwischen studiert sie in Oxford. Eines Tages möchte sie Premierministerin von Pakistan werden. Die Zukunft wird zeigen, was aus ihr wird; doch schon jetzt weiß Malala, wie einmal an sie gedacht werden soll: „nicht als das Mädchen, das von den Taliban niedergeschossen wurde, sondern als das Mädchen, das für Schulbildung kämpft." ◆

OCEAN
THE OCEAN CLEANUP
THE OCEAN CLEANUP

ERFINDER

BOYAN SLAT

GEBOREN 1994 • NIEDERLANDE

„ES GIBT KEIN PROBLEM, das sich nicht lösen lässt“, sagte Boyan Slat und blickte seinen Freunden ins Gesicht.

Aber die sahen skeptisch aus.

Boyan hatte nicht viele Freunde. Er war lieber mit Erwachsenen zusammen; aber gerade hatte er beschlossen, 213 kleine Plastikflaschen-Raketen auf einmal in die Luft zu jagen, und dafür brauchte er Hilfe.

Boyan war nervös und aufgeregt. Einzelne Raketen hatte er schon öfter zusammengesetzt und abgefeuert, aber heute würden Hunderte Geschosse auf einmal in den Himmel emporfliegen.

„Ach, das funktioniert nie!“, sagten die anderen.

„Klar funktioniert das“, entgegnete Boyan. Wann immer jemand zu ihm sagte, dass irgendetwas unmöglich war, wollte er es wenigstens versuchen.

Boyan war ziemlich stur.

FRÜHE EXPERIMENTE

Vielleicht führte genau diese Sturheit letztlich dazu, dass Boyan einige Jahre später eine riesige Meeresfilteranlage erfand, die die Ozeane von all dem gefährlichen Plastikmüll reinigen würde, den der Mensch dort entsorgte.

Boyan, der 1994 in den Niederlanden geboren wurde, kann nicht recht sagen, wie es dazu kam, dass er mit dem Erfinden loslegte. Er hatte immer schon gern gelesen und experimentiert. Bereits mit zwölf fing er an, Dinge zu herzustellen.

Aus Holzresten baute er sich einen Stuhl.

Er zimmerte Baumhäuser für sich und ein paar Freunde und baute dazwischen Seilbahnen.

Er kannte sich zusehends mit chemischen Stoffen aus und fing an, Sachen in die Luft zu sprengen.

Kein Wunder, dass die Erwachsenen da sowohl wütend als auch besorgt waren.

Mit 16 Jahren machte Boyan eine Urlaubsreise, die alles verändern sollte.

Er interessierte sich nämlich nicht nur dafür, Dinge in die Luft zu jagen – er war auch ein begeisterter Taucher. Auf der griechischen Insel Lesbos, die im klaren blauen Mittelmeer liegt, bekam er nun die Möglichkeit, Fische und andere Meeresbewohner zu beobachten.

Vor seinem ersten Tauchgang malte sich Boyan aus, was er dort unten alles sehen würde.

Im Mittelmeer gibt es beispielsweise regenbogenfarbige Papageifische. Diese Barschverwandten mit den leuchtend blauen Flecken gehen in der Dämmerung am Meeresgrund auf Futterjagd. Es gibt auch kleinere rote Skorpionfische, deren Flossenstrahlen Gift führen, und Fliegende Fische, die auf der Flucht vor größeren Raubfischen über die Wasseroberfläche schießen.

Doch als Boyan ins Wasser eintauchte, waren dort kaum Fische zu sehen.

Nur jede Menge Plastikmüll.

DAS PLASTIKPROBLEM

Im Meer schwimmen Plastiktüten aus Supermärkten, Limoflaschen, Trinkhalme und die Verpackungen von Lebensmitteln, gebrauchte Windeln, Eimer und leere Benzinkanister – ja, alles Erdenkliche, was der Mensch erst hergestellt und nach dem Gebrauch im Meer entsorgt hat.

„Auffällig war, dass kaum rotes Plastik herumschwamm“, erzählte Boyan später. „Das liegt daran, dass Vögel und andere Tiere alles Rote für essbar halten. Rotes Plastik landet im Magen der Tiere.“

Wasservögel und Meeressäuger verletzen sich außerdem am Plastikmüll oder ertrinken, wenn sie sich aus Tüten oder anderen Verpackungen nicht mehr befreien können; Fische bleiben in abgerissenen Schleppnetzen hängen.

Das Plastik im Wasser könnte eines Tages sämtlichen Meeresbewohnern den Garaus machen.

Als der Urlaub zu Ende und Boyan zurück in den Niederlanden war, ließ ihn die Frage nicht los, wie er das Plastikproblem lösen könnte.

Er las Bücher. Er recherchierte im Internet. Er fragte bei Wissenschaftlern nach. Die Antwort war jedes Mal: Es würde nicht funktionieren. Und wenn doch, würde die Lösung wahnsinnig viel Zeit und Geld kosten.

Klar würde es funktionieren, dachte Boyan. Denn wann immer jemand zu ihm sagte, dass irgendetwas unmöglich war, wollte er es wenigstens versuchen.

Dass all dieses Plastik das Meer zerstörte, plagte ihn wie ein Steinchen im Schuh – dagegen musste man doch etwas unternehmen! Als Boyan in die Oberstufe kam, wollte er zuallererst in Erfahrung bringen, wie viel Plastik überhaupt im Meer herumschwamm. Als amerikanische Forscher zuletzt Hochrechnungen angestellt hatten, waren sie auf gut fünf Billionen Kunststoffteilchen gekommen – alles in allem schätzungsweise 269 000 Tonnen. Das war in etwa so viel wie 54 000 Elefanten.

Boyan grübelte und grübelte. Ein ganzes Jahr lang dachte er über dieses Problem nach, das noch niemand hatte lösen können. Und eines Tages hatte er die Lösung.

Die Ozeane benötigten nur ein bisschen Hilfe, dann könnten sie sich selbst reinigen!

MEERESREINIGUNG

Auf Englisch nannte er seine Idee *The Ocean Cleanup*, was so viel heißt wie „Ozeanreinigung“. Als „Werkzeug“ stellte er sich eine Art lange Wurst vor: Mithilfe von Wind, Wellen und der Meeresströmung würde die Wurst übers Wasser treiben und das Plastik quasi aufsaugen.

Boyan musste zurück nach Griechenland reisen und seine Idee mit der Hilfe eines Kumpels austesten!

Sie entwickelten eine Lösung, damit in der Filteranlage außer dem Plastik nicht überdies Fische, Plankton und andere Meeresorganismen hängen blieben. Anhand der Schwerkraft – der Kraft, die auch dafür sorgt, dass beispielsweise ein Apfel vom Baum auf die Erde fällt und nicht in die Luft emportrudelt – konnte die Reinigungsvorrichtung Plastik von lebenden Meeresbewohnern unterscheiden. Während sich das Plastik vor der „Wurstbarriere“ sammelte, tauchten die Meeresorganismen mit der Strömung darunter hindurch.

Nur leider gab es diese Erfindung nicht in der Realität – *noch* nicht.

Eines Tages hatte Boyan die Möglichkeit, bei einer größeren Konferenz daheim in den Niederlanden einen Vortrag zu halten. Er begann mit dem Hinweis, dass es früher die Steinzeit und die Bronzezeit gegeben habe – und betonte dann: „Heute befinden wir uns mitten im Plastikzeitalter." Wer beispielsweise Lust auf Kekse habe, gehe in einen Laden und kaufe sich welche – verpackt in Plastik. Die Verpackung enthält oft noch eine Plastikfolie, die um eine Plastikschale liegt, in der sich die Kekse stapeln. Dann kaufen wir uns eine Plastiktüte, um alles nach Hause zu tragen ... Plastik, wohin man auch schaut!

Anschließend stellte Boyan seine Erfindung vor.

Der YouTube-Clip mit seinem Vortrag ging viral – das heißt: Seine Rede wurde über soziale Netzwerke auf der ganzen Welt verbreitet. Mehr als drei Millionen Menschen haben sich den Vortrag im Internet angesehen.

UNTERNEHMEN MIT MISSION

Hunderttausende, die sich ebenfalls über das Plastik in den Weltmeeren den Kopf zerbrachen, mailten Boyan und wollten ihn mit Ideen und Geld unterstützen, damit er sein Projekt in die Tat umsetzen konnte. Binnen zwei Wochen hatte er knapp 90 000 Euro an Spenden gesammelt. Er legte sein Ingenieurstudium auf Eis und gründete ein eigenes Unternehmen, um seine Ideen wahr zu machen. Seine Firma taufte er *The Ocean Cleanup* („Die Meeresreinigung"), und er stellte Ingenieure und Forscher ein, die – genau wie Boyan selbst – für ihr Leben gern lasen, rechneten, tüftelten und neue Sachen ausprobierten. Boyan selbst wurde Firmenchef, obwohl er immer noch ein Teenager war!

Es gab noch mehrere Hindernisse, die er überwinden musste, bis alles in trockenen Tüchern war, aber dann hatten sich mehrere andere Unternehmen bereit erklärt, mitzuarbeiten und für Testläufe zu bezahlen. Fünf Jahre lang arbeiteten 70 Wissenschaftler und Ingenieure an 273 verschiedenen Modellen und sechs Prototypen der Plastikfilteranlage. (Ein Prototyp ist die erste Testversion einer Maschine oder eines Gegenstands.)

Am Ende war es so weit: Der erste richtige Versuch mit der Reinigungsanlage stand an. Boyan und seine Mitstreiter hatten sich eine riesige schwimmende Müllinsel im Pazifik zwischen Hawaii und Kalifornien ausgesucht. Hier hatte die Meeresströmung so viel Unrat an einem Ort zusammengetragen, dass er ausgebreitet die dreifache Fläche von Frankreich hatte. Alle Beteiligten waren voller

Hoffnung, doch vier Wochen nach Testbeginn zeigte sich, dass die lange, u-förmige Wurst den Plastikmüll zwar zusammentrieb, der Müll dann aber wieder ins Meer zurückströmte.

Also hieß es: zurück an die Computer und in die Werkstatt, um die Anlage zu überarbeiten.

Dann ging es von Neuem los, und nach mehreren Anläufen funktionierte es wirklich! Jubelnd lud Boyan das Foto eines gigantischen Plastikmüllbergs auf Twitter hoch und schrieb: „Endlich sammelt unsere Reinigungsanlage Plastikmüll ein – von tonnenschweren Schleppnetzen bis hin zu Mikroplastik! Vermisst übrigens jemand ein Rad?“

Inmitten des zusammengetragenen Mülls lag ein riesiger Autoreifen mitsamt Felge.

Die Reinigungsanlage war mit einem Sender ausgestattet, der via Satellit meldete, wo genau auf dem Meer sich die Anlage gerade befand. In regelmäßigen Abständen fuhr ein Frachter dorthin und nahm den eingesammelten Müll auf.

Neun Jahre nachdem Boyan vor der griechischen Küste auf Tauchstation gegangen war, war endlich nachgewiesen, dass sich seine ursprüngliche Vision, die Meere zu säubern, tatsächlich bewahrheiten konnte. „Ich glaube daran, dass wir in ein paar Jahren eine ganze Ozeanreinigerflotte haben, und die Kosten für die Reinigung werden durch das Recycling des eingesammelten Mülls gedeckt“, hat er einmal prophezeit.

Boyan und sein Ingenieurteam testen inzwischen einen Flussreiniger, der das Plastik abfangen soll, das in den großen Flüssen mitschwimmt, ehe es in die Meere gelangt. Bestimmt erfinden sie auch noch andere Dinge, die helfen, das Meer plastikfrei zu machen. Und wann immer jemand zu ihm sagt, dass etwas unmöglich ist, wird Boyan es wenigstens versuchen.

Eine Art Idol will er trotzdem nicht sein. Das Wichtigste für Boyan Slat ist, dass die Meere vom Plastik befreit werden. „Irgendwer musste dieses Problem angehen, also habe ich es gemacht. Insofern könnte man mich auch als den Müllmann der Welt bezeichnen.“

Aber was wurde eigentlich aus den 213 kleinen Plastikflaschen-Raketen, die Boyan als kleiner Junge in die Luft jagen wollte? Er und seine Kumpels haben sie alle gezündet. Sie sind damit im *Guinnessbuch der Rekorde* gelandet.

Vielleicht steht darin ja irgendwann auch Boyans Meeresmüllabfuhr? ◆

ERFINDER

EASTON LACHAPPELLE

GEBOREN 1996 • USA

DIE MEISTEN VON UNS toasten Brot oder wärmen etwas der in Mikrowelle auf, ohne darüber nachzudenken, wie ein Toaster oder die Mikro funktioniert. Dieses Kapitel handelt von einem Jungen aus den USA, der immer schon wissen wollte, wie einzelne Teile zusammenhingen, sobald er eine Küchenmaschine, ein Radio oder eine Spielekonsole auch nur in die Finger bekam. Vor allem war er an dem winzigen kleinen Datenchip interessiert, der die Geräte steuerte. Die Technik faszinierte ihn so sehr, dass er das Ende jedes Schultags herbeisehnte, um zu Hause weitertüfteln zu können. Von einer Sache war er besonders besessen: Er wollte eine Roboterhand entwickeln. Eines Tages sollte seine Erfindung das Leben eines anderen Kindes verändern, dem eine Hand fehlte und das eine neue brauchte – aber das ahnte Easton damals noch nicht.

TECHNIK-NERD

Die kleine 1400-Seelen-Gemeinde Mancos liegt im US-Bundesstaat Colorado, der für seine spektakulären Landschaften, für Eishockey und Skipisten berühmt ist. Hier wurde Easton LaChappelle 1996 geboren. In der Ortschaft lebten nicht viele Menschen, und so gab es nur eine Schule, auf die alle Kinder und Teenager gingen: vom Grundschüler bis zum Gymnasiasten. In Eastons Klasse waren 23 Schüler. Mehr Kinder in seinem Alter wohnten nicht in Mancos.

Leider war keiner seiner Schulfreunde sonderlich an Technik interessiert. In der Schule hielten sich die Lehrer hauptsächlich daran, was in den Schulbüchern stand, während Easton 1000 andere Fragen hatte, auf die er Antworten wollte. Bald hatte

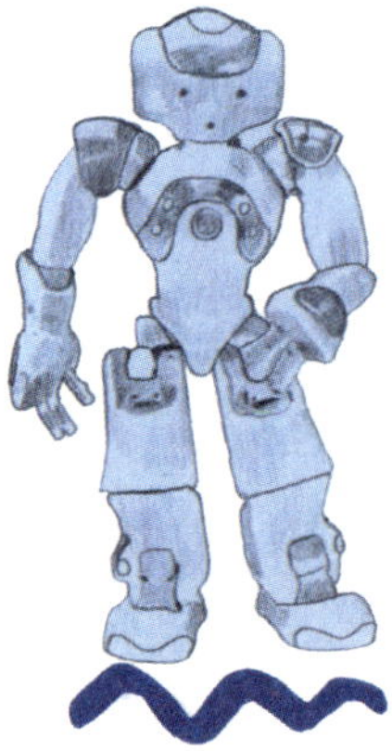

er die Schule satt. Lieber baute er Lego und erfand Sachen: „Dabei dachte ich gar nicht so sehr darüber nach, ob etwas richtig oder falsch war.“ Entweder funktionierte das, was er zusammengebastelt hatte, oder eben nicht, dann musste er einen anderen Lösungsweg finden.

Als Easton 14 war, fand er Roboter das Coolste, was er sich vorstellen konnte. Damals waren gerade Roboterstaubsauger ganz groß in Mode gekommen. Einer der besten Roboter überhaupt hieß Nao und sah so nett aus, dass die Menschen umgekehrt auch nett zu ihm sein wollten, obwohl es sich um eine Maschine handelte. Nao-Roboter wurden unter anderem als Spieler beim Roboterfußball-Turnier RoboCup 2010 eingesetzt.

Easton wusste weder über Nao noch über andere Roboter viel, trotzdem beschloss er, für einen Schulwettbewerb eine Roboterhand zu erfinden. „Ich hatte von Elektronik und vom Programmieren keine Ahnung, aber mir war langweilig und ich brauchte eine Herausforderung“, hat Easton erzählt. Zu Hause in Mancos gab es niemanden, den er um Rat hätte fragen können. Stattdessen ging er ins Internet und spürte dort Fachleute auf, die er über Skype mit Fragen löcherte. Mitunter verschwieg er, dass er erst 14 Jahre alt war und noch aufs Gymnasium ging. Er wollte sich nicht anhören müssen, dass er zu jung sei, um etwas zu verstehen.

Es dauerte einige Zeit, bis er kapiert hatte, wie er es anstellen musste; doch nach acht Monaten war die Hand fertig. Auf seinem YouTube-Channel kann man bis heute das Video aufrufen, in dem er seine Entwicklung vorführt. Die mechanische Hand wird über einen Handschuh mit Sensoren gesteuert. Die Hand besteht aus Legosteinen, Panzerband, Kunststoffröhrchen, wie sie Ärzte bei Operationen verwenden, und Motoren kleiner Modellflugzeuge. Alles in allem kostete das Material 300 Dollar. (Das sind ungefähr 250 Euro.) Easton hatte es von seinem Geburtstagsgeld bezahlt. Trotzdem verschwendete er immer noch keinen Gedanken daran, dass es Menschen gab, die ihre eigene Hand verloren hatten und eine Prothese – eine künstliche Hand – brauchen könnten.

„Meine Erfindung war eigentlich ziemlich banal, und ich habe sie nur gebaut, weil es cool war – es war einfach großartig, so eine Idee zu realisieren. Das war eine tolle Motivation für mich. Im Grunde wusste ich nichts über Prothesen, darüber hatte ich immer noch kein bisschen nachgedacht."

Im Kommentarfeld unter seinem Video sammelten sich Jubelrufe ebenso wie Schilderungen eigener Erfindungen. Jemand fragte, wie er so eine Hand nachbauen könne. Für Easton war es selbstverständlich, dass er sein Wissen weitergab, immerhin hatte er zuvor selbst viel Hilfe von anderen bekommen. Also filmte er ein Anleitungsvideo und veröffentlichte sogar seinen Programmiercode. Mit seiner Erfindung landete Easton im Schulwettbewerb auf dem dritten Platz. Trotzdem war er noch nicht zufrieden. Die Hand sah zu unecht aus, außerdem konnte man damit keine schweren Sachen anheben.

FORTGESCHRITTENE TECHNIK

Also fing er noch mal neu an. Während der Arbeit an seiner vorigen Entwicklung war er mit einem Studenten in Kontakt gekommen, der auf die Universität ging und einen 3-D-Drucker besaß. Mittels digitaler Entwürfe kann man auf einem 3-D-Drucker ganze Gegenstände „ausdrucken". Der Bekannte hatte Spaß daran, Easton zu helfen, und druckte eine Skeletthand aus, die sowohl Finger als auch das Handgelenk bewegen konnte. Der Kumpel wollte dafür nur, dass Easton das Porto bezahlte. Easton überzog die Skeletthand mit Silikon, einem plastikähnlichen Material, das menschlicher Haut ähnelt. Jetzt sah die Hand nicht mehr aus wie ein Transformer-Bauteil, sondern fast wie die eines echten Menschen.

Was jedoch eindeutig kniffliger war: Immer wieder riss die Angelschnur, die innerhalb der Finger verlief. Eastons Mama, die Juwelierin ist und selbst Ohrringe und Halsketten herstellt, steuerte eine Idee bei: Statt der weichen Angelschnur sollte er einen nylonbeschichteten Draht verwenden. Easton probierte es aus, und es funktionierte – wenn die Hand zur Faust geballt werden sollte. Allerdings nicht, wenn sich die Finger strecken sollten. Der Stahldraht bog sich nicht von selbst wieder zurück. Easton musste also noch ein bisschen nachdenken. Und plötzlich fielen ihm die kleinen Gummiringe wieder ein, die er Jahre zuvor an seiner Zahnspange gehabt hatte. Die waren perfekt! Jetzt konnte sich die Hand mithilfe des Drahts ballen, und die Gummiringe zogen die Finger wieder zurück.

Easton war so motiviert von diesen Fortschritten, dass er beschloss, sich an die nächste, größere Herausforderung zu wagen: Er wollte eine komplette Armprothese bauen – von der Schulter bis zu den Fingern.

Und die Prothese sollte von Gedanken gesteuert werden!

Doch abgesehen von dem bisschen, was er im Sommer mit seinem Ferienjob verdient hatte, hatte Easton kein Geld. Also musste er mit dem Material geizen und gleichzeitig vorausschauend vorgehen, wenn ihm das Projekt gelingen sollte. Er nahm den Motor eines Modellflugzeugs auseinander. Der Motor würde dem Arm so viel Kraft verleihen, dass man damit einen Ball werfen, eine Einkaufstüte tragen oder jemandem ein High five geben konnte. Dann kramte er ein Spiel namens Mindflex hervor – ein Geschicklichkeitsspiel, bei dem man mithilfe eines Headsets eine Kugel durch die Luft bewegt. Die Sensoren im Headset registrieren angeblich die Gehirnaktivität: Je mehr sich der Spieler konzentriert, umso besser kann er die Kugel durch einen Hindernisparcours steuern. Easton baute einzelne Bauteile aus dem Headset aus, um damit seinen Roboterarm zu steuern.

Dann galt es nur noch, den Arm richtig zu programmieren.

Die neue Erfindung erforderte einige Arbeit. Doch auch diesmal gelang es ihm: Easton konnte den Arm steuern, nur indem er sich darauf konzentrierte! Wenn er sich fest vornahm, die Finger zu spreizen oder die Faust zu ballen, dann öffnete oder ballte sich die Faust! Er war begeistert und beschloss, mit seinem Roboterarm zu einer Tüftlermesse zu fahren, wo sich Teilnehmern aus aller Welt trafen.

Eine Messe ist eine Art Ausstellung. Easton legte dort seinen Roboterarm auf einen Tisch, und sowohl erwachsene Besucher als auch Kinder blieben stehen und lobten ihn für seine Erfindung, ehe sie zum nächsten Aussteller weitergingen. Ein kleines Mädchen war besonders interessiert. Es untersuchte den Arm ganz genau und hörte gar nicht mehr auf, Fragen zu stellen. Erst nach einer Weile bemerkte Easton, dass sie nur einen Arm hatte – der andere war eine Prothese. Am Ende saß eine Art Haken, den sie auf- und zudrücken konnte.

Das war Eastons erste Begegnung mit jemandem, der eine Prothese brauchte.

HELFENDE HAND

Die Begegnung mit dem siebenjährigen Mädchen sollte sein Leben verändern.

In den USA werden nämlich bei Weitem nicht alle beim Arzt gratis behandelt oder bekommen eine Prothese von der Krankenkasse. „Als ich mich mit dem Mädchen und seinen Eltern unterhielt, erfuhr ich, dass Prothese und Operationen 80 000 Dollar gekostet hatten. Die Familie würde die Prothese außerdem immer wieder anpassen und ersetzen müssen, weil das Mädchen ja noch im Wachstum war.“

Mitten im lauten Messetrubel stand Easton da und starrte seine Prothese an. Sie hatte ungefähr 500 Dollar gekostet. Im selben Moment war ihm klar, dass er mit seiner Erfindung Menschen auf der ganzen Welt helfen konnte. Seine billige Prothese war noch dazu viel ausgefeilter als die des Mädchens, die ein Vermögen gekostet hatte!

Die Erkenntnis, was er mit seinen Entwicklungen bewirken könnte, war für ihn wesentlich bahnbrechender als der zweite Platz, den er mit seiner Erfindung belegte.

Von jetzt an war Easton wie besessen davon, bessere Prothesen für Leute zu bauen, die einen Arm oder ein Bein verloren hatten. Sein Zimmer sah inzwischen eher wie eine Fabrik aus. An seinem Schreibtisch zeichnete er Modelle und schrieb Programmiercodes. Er hatte auch eine Werkbank, auf der er unterschiedliche Materialien durchbohrte und zurechtschnitt. Mittlerweile besaß er gleich zwei 3-D-Drucker, die rund um die Uhr in Betrieb waren. Den ersten hatte er unter der Bedingung, dass er die Hälfte selbst bezahlte, zum 16. Geburtstag von seinen Eltern bekommen. Er hatte 500 Dollar gekostet.

Der Ruf des Teenagers aus Colorado, der gewitzter zu sein schien als erwachsene Ingenieure, verbreitete sich in den ganzen USA. Und eines Tages flatterte die Einladung des Präsidenten höchstpersönlich ins Haus. Easton durfte mit anderen

jungen Erfindern das Weiße Haus besuchen! Als er dem Präsidenten Barack Obama die Hand geben sollte, streckte er natürlich die Prothese vor! Rund ein Jahr später durfte Easton ein Praktikum bei den Maschinenbauingenieuren der US-amerikanischen Raumfahrtorganisation NASA machen. Dort arbeitete er an der Entwicklung ferngesteuerter Roboter mit. Im selben Jahr hielt er einen Vortrag auf einer großen Konferenz zu den Themen 3-D-Technik und Animatronik. Als Animatronik bezeichnet man Techniken, die vor allem in der Filmindustrie für Spezialeffekte eingesetzt werden.

In all der Zeit, die Easton mit seinen Robotern verbracht hatte, war er weiter zur Schule gegangen. Nun endlich hatte er zusammen mit seinen Mitschülern zu Hause in Mancos die Abschlussprüfungen geschafft. „Das war für mich ein großer Augenblick", sagt Easton gern. „Jetzt musste ich mich entscheiden, ob ich studieren, eine Firma gründen oder mich irgendwo bewerben sollte."

Genau im richtigen Moment rief ein Millionär namens Tony Robbins an. Robbins fand, dass Easton der klügste Techniker war, den er je erlebt hatte. Er machte ihm einen Vorschlag: Sie würden gemeinsam eine Firma gründen und mithilfe der 3-D-Technik und Künstlicher Intelligenz kostengünstige Prothesen herstellen. (Wenn Computer selbstständig „denken" lernen, nennt man das Künstliche Intelligenz.) „Nicht an die Uni zu gehen wie alle anderen war eine schwere Entscheidung. Aber Mama und Papa sahen ein, dass ich es ernst meinte. Sie haben mich bei jeder meiner Entscheidungen immer unterstützt", erzählte Easton.

Vielleicht half ja auch, dass andere Technik-Gurus ebenfalls keinen Uni-Abschluss hatten: Mark Zuckerberg etwa, der Erfinder von Facebook, und Bill Gates, einer der Gründer von Microsoft, brachen ihr Studium an einer der besten Unis der USA ab, um ihre Ideen zu verwirklichen. Auch Steve Jobs, einer der Apple-Gründer, war Studienabbrecher.

Easton wurde also mit gerade mal 17 Unternehmer.

Robbins half Easton finanziell, damit er statt seines Zimmers eine richtige Werkstatt einrichten konnte, in der er genug Platz hatte, um sich mit seinen Computern, Motoren, Schrauben und Muttern auszubreiten.

Easton fing an, sich über die Funktionen des menschlichen Gehirns und der Muskeln schlauzumachen. Er befragte Kinder und Erwachsene, denen ein Arm oder eine Hand fehlte, um in Erfahrung zu bringen, was für sie wichtig wäre. Zudem wurden ein paar Leute angestellt, und sie arbeiteten mit einem der größten IT-Unternehmen der Welt zusammen.

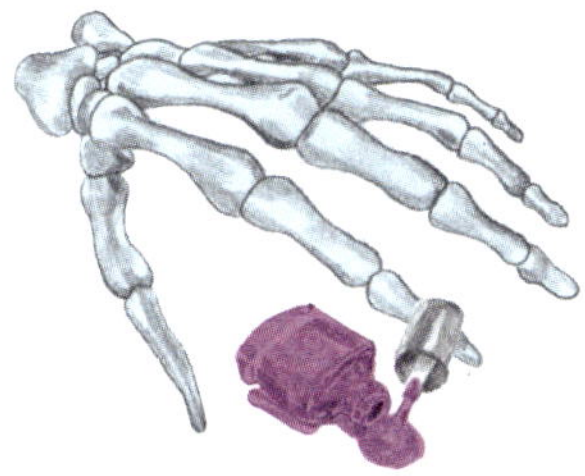

MOMOS WUNDER

Eines Tages wurde Easton von einem Mann kontaktiert, der als ehrenamtlicher Helfer arbeitete und ihm von Momo erzählte. Momo war neun und ohne den rechten Unterarm zur Welt gekommen. Ihr größter Traum war eine Prothese, an der sie die Finger bewegen konnte. Nicht dass sie sich selbst, so wie sie war, nicht gemocht hätte – Momo ging schwimmen, konnte basteln und sich mit einer Hand die Schuhe zubinden. Trotzdem gab es Dinge, die ihr mit zwei Händen wesentlich leichter gefallen wären.

Easton und ein paar Ingenieure aus dem großen IT-Unternehmen beschlossen, Momo zu helfen. Sie sollte die beste Prothese bekommen, die sie bauen konnten, und das für möglichst wenig Geld. Easton bat Momos Eltern, deren linken Arm zu filmen. Anschließend las er die Daten in seinen Computer ein und spiegelte sie. Jetzt würde der rechte Arm genauso aussehen wie der linke. Und für diesen hatte er eine Menge Funktionen vorgesehen.

Easton wollte, dass Momo mit der Prothese auch Schweres tragen konnte.

Jeder Finger sollte sich einzeln bewegen, damit Momo beispielsweise auf etwas zeigen konnte.

Die Hand sollte ein Glas Wasser halten und es zum Mund heben. Wie viel Kraft für den Arm richtig wäre, war schwer zu schätzen; mit zu wenig Kraft würde die Hand das Glas nicht hochheben können, mit zu viel Kraft würde das Wasser überschwappen.

Die Prothese durfte für Momo auch nicht zu schwer sein. Außerdem wollte Easton, dass sich Momo die Fingernägel der Prothesenhand lackieren konnte.

Easton und seine Kollegen brauchten anderthalb Jahre, bis Momos Prothese fertig war. Dann war der große Tag gekommen, an dem das Mädchen seinen neuen Arm kriegen sollte. Momo war aufgeregt. Sie reiste schließlich nicht jeden Tag mit dem Flugzeug. Und sie bekam auch nicht jeden Tag einen neuen Arm mit beweglichen Fingern!

„Es ist ein Traum", sagte ihre Mama – und das fand Momo auch.

Endlich standen sie sich gegenüber: Easton und Momo. Beide freuten sich sehr, einander kennenzulernen, waren aber auch nervös. Hatten Easton und seine Mitstreiter es wirklich geschafft, dass Momo die Erfindung benutzen konnte? Easton öffnete den großen schwarzen Plastikkoffer, auf dem ein Metallschild mit der Aufschrift „Momo" angebracht war. Aus dem Koffer nahm er einen Arm, der Momos eigenem Arm fast wie ein Ei dem anderen glich. Andächtig legte er ihr die Prothese an.

Und sie funktionierte!

Alle im Raum waren überglücklich, gerührt und hatten Tränen in den Augen.

Das Erste, was Momo mit der Prothese machte, war die Faust zu ballen und sie gegen Eastons Faust zu stupsen. Anschließend machte sie das Okay-Zeichen mit aufeinandergelegtem Daumen und Zeigefinger. Dann formte sie mit beiden Händen ein Herz. Als sich ihr Besuch dem Ende zuneigte, gab sie allen im Raum, die an dem Projekt mitgearbeitet hatten, zum Abschied ein High five.

Momos Prothese und die vieler anderer werden mithilfe von Elektroden gesteuert, die auf den Muskeln im Oberarm sitzen. Die Muskeln wiederum werden vom Gehirn angefunkt. Je öfter die Prothese benutzt wird, umso besser versteht sie, was bestimmte Gehirnsignale an die Muskeln bedeuten. Sie lernt, dass die Hand winken soll, sobald der Benutzer will, dass sie winkt.

Momo war überglücklich. „Dass ich jetzt diesen Arm habe, ist ein Wunder", sagte sie, bevor sie die Heimreise antrat. Sie war unendlich dankbar, dass so viele Menschen zu der Entwicklung ihres neuen Arms beigetragen hatten. „Ich hoffe, dass alle Menschen auf der ganzen Welt die gleiche Chance bekommen wie ich", sagte sie.

Davon träumte auch Easton.

Heutzutage gibt es allein in den ärmeren Entwicklungsländern geschätzt 40 Millionen Menschen, denen eine Gliedmaße fehlt.

Easton hat sich zum Ziel gesetzt, Spenden zu sammeln, damit er weitere 100 Prothesen bauen kann, um sie an Leute zu verschenken, die sich eine Prothese sonst nie leisten könnten.

Außerdem arbeitet er bereits an einer weiteren Erfindung: an einer Art Handschuh, der helfen soll, wenn jemand nicht mehr genug Kraft in der eigenen Hand hat, um beispielsweise ein Glas hochzuheben.

Als ein Schulkamerad aus Colorado einen Autounfall hatte und daraufhin gelähmt war, hatte Easton außerdem die Idee, eine Art Außenskelett zu entwickeln, das man unter der Kleidung tragen kann. Damit könnten Gelähmte wieder gehen lernen; allerdings ist Easton damit noch nicht fertig.

Es sei die Neugier, die ihn antreibe, sagt er. „Die hat jeder von uns in sich, und sie ist der Grund, warum die Welt sich weiterdreht. Ich will alle dazu ermutigen, immerzu neugierig zu sein und sich auch durch Hindernisse von nichts abbringen zu lassen."

Ohne seine Neugier hätte Easton Momo nie helfen können.

An seiner Neugier liegt es auch, dass er jetzt als junger Erwachsener mit dem arbeiten darf, was ihm am meisten Spaß macht: mit Erfindungen.

Wenn Kinder und Jugendliche ihn fragen, ob er Tipps für die Zukunft hat, sagt Easton gern: „Tut Gutes, denn dann passieren gute Dinge!" ◆

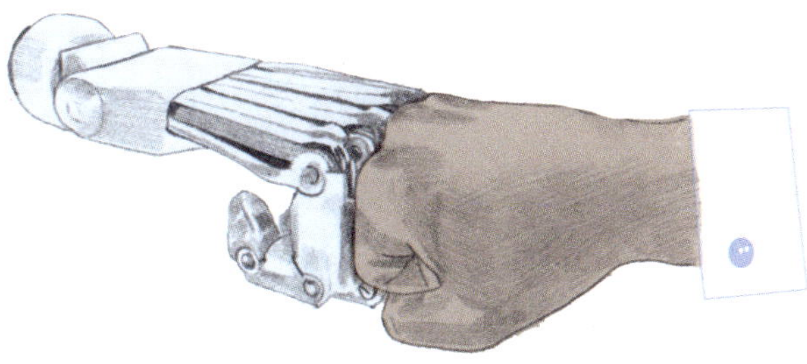

RICHARD TURERE

GEBOREN 1999 • KENIA

NICHT MEHR LANGE, und es würde hell werden über der Savanne in Kitengela am Rand des Nairobi-Nationalparks. Reglos standen die beiden Löwinnen da und starrten in Richtung eines der Dorfbullen, der sich 100 Meter weiter ausruhte. Er ahnte nichts von der Gefahr, die von den beiden großen Raubkatzen ausging. Behutsam pirschten die Löwinnen näher und legten sich auf die Lauer. Dann setzten sie blitzschnell zum Sprung an und griffen den Bullen aus zwei Richtungen an. Ein kurzer Kampf, und die Beute war erlegt.

Zuerst durften die männlichen Löwen fressen. Sie rissen Fleisch aus dem Tierleib, während die Weibchen sich im Hintergrund hielten. Erst als die Männchen fertig waren, wagten sich die Löwinnen nach vorn. Zuletzt waren wie immer die Jungtiere dran – sofern noch etwas übrig blieb. Was die Löwen nicht ahnten: Es sollte die letzte nächtliche Jagd auf das Vieh der Dorfbewohner sein. Ein zwölfjähriger Junge würde nämlich eine Löwenlampe erfinden, die fortan die Rinder davor bewahren sollte, von Raubtieren gerissen zu werden.

LEBEN ALS MASSAI

Richard Turere war zwölf, als er die Löwenlampe erfand. Von klein auf hatte es ihn wütend gemacht, wenn die Löwen das Vieh der Dorfbewohner töteten. Besonders traurig war er, als die Löwen den Bullen seiner Familie rissen, weil sie nur den cinen gehabt hatten.

Richard gehört der Volksgruppe der Massai an. Die Massai waren ursprünglich ein Nomadenvolk, das mit seinem Nutzvieh von einem Ort zum anderen zog.

Inzwischen haben sich viele von ihnen in Dörfern niedergelassen. Trotzdem sind ihre Tiere immer noch der wichtigste Besitz, weil sie die Besitzer mit Milch und Fleisch versorgen. Die Massai sagen, dass das Vieh ein Geschenk des Himmels sei und Gott dem ersten Massai aufgetragen habe, einen Pferch zu bauen. Anschließend habe er Rinder über eine lange Brücke vom Himmel zur Erde getrieben. Diese Geschichte soll vermitteln, wie wertvoll Kühe und Bullen sind und dass sie vor den Raubtieren geschützt werden müssen, die nachts um die Dörfer schleichen, um Beute zu machen.

Richard hatte auf die Tiere seiner Familie aufgepasst, seit er neun Jahre alt gewesen war. Die Herde zu hüten ist eine der Aufgaben, die junge Massai übernehmen, und wenn sie dabei erfolgreich sind, werden sie wie Helden gefeiert. Wer einen Löwen tötet, gilt auch nicht mehr als Kind, sondern wird in den Kreis der Erwachsenen aufgenommen. Richard war besonders geschickt mit dem Speer und zog oft mit seinen Freunden aus, um Jagd auf die Löwen zu machen, die immer wieder die Herden der Dorfbewohner angriffen.

Solange Richard denken konnte, waren die Löwen die größte Bedrohung gewesen. Schon seit Jahrhunderten setzten sich die Massai gegen sie zur Wehr, weil sie ihr Vieh angriffen. Obwohl die Löwenjagd in Kenia seit einiger Zeit verboten war, jagten sie weiter, denn dies war nun mal die einzige Möglichkeit für die Massai, ihre Herde und sich selbst zu beschützen. Aber so kam es auch, dass irgendwann nur noch etwa 1800 Löwen in Kenia lebten, und mit jedem Jahr wurden es weniger. Wenn das so weiterginge, wären die Löwen bis 2040 ausgerottet.

Obwohl Richard von klein auf gehört hatte, dass die Löwen eine Gefahr für das Dorfleben darstellten, war ihm klar, dass es besser wäre, die Löwen leben zu lassen. Denn Raubtiere waren auch wichtig für die Nahrungskette. Die Nahrungskette kann man folgendermaßen erklären: Gras wächst und wird von Gnus gefressen, die wiederum von Löwen gefressen werden. Wenn es keine Löwen mehr gäbe, würde es zu viele Gnus geben, und es gäbe für sie und all die anderen Weidetiere nicht mehr genügend Gras. Einige Arten würden nur auf Kosten von anderen überleben; damit wäre das biologische Gleichgewicht gestört.

Viele Massai arbeiteten mittlerweile auch im Tourismus, und die Touristen, die nach Kenia kamen, bezahlten eine Menge Geld, um einen Löwen in freier Wildbahn zu sehen – was im Umkehrschluss bedeutete, dass man mit einem lebenden Löwen mehr verdienen konnte als mit einem toten.

LÖWEN HEREINLEGEN

Richard zerbrach sich den Kopf über eine friedliche Alternative zur grausamen Jagd.

Zuerst dachte er über Feuer nach, weil er der Ansicht war, dass Löwen vor Feuer Angst hätten. Doch er sah schnell ein, dass das nicht funktionierte: „Feuer würde alles noch schlimmer machen. Die Löwen würden den Pferch mit unseren Rindern nur noch besser sehen. Aber ich gab nicht auf."

Als Nächstes dachte er über eine Art Vogelscheuche mit flatternden Kleidern und gruseligem Aussehen nach. Damit wollte er den Löwen weismachen, dass dort ein Mensch stünde und die Herde bewachte.

Aber auch das funktionierte nicht, hat Richard erzählt: „Löwen sind clever. Am ersten Tag kamen sie, sahen die Vogelscheuche und kehrten um. Als sie aber am nächsten Tag wiederkamen, erkannten sie, dass sich die Vogelscheuche nicht vom Fleck gerührt hatte, dass sie immer dort stand – also gingen sie zum Angriff über und töteten die Rinder."

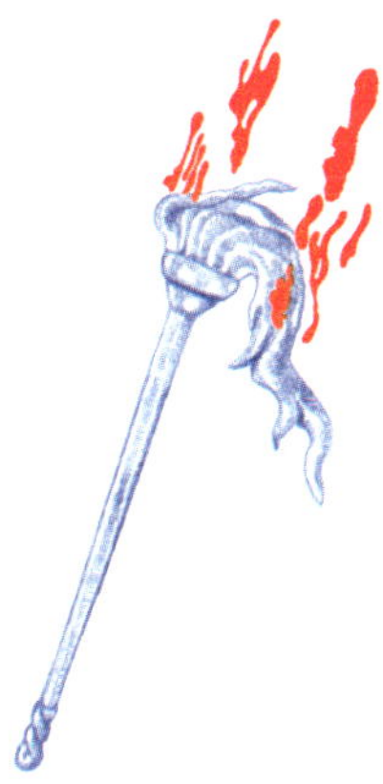

Die dritte Idee kam ihm, als er einmal nachts den Pferch kontrollierte und mithilfe einer Taschenlampe den Weg durch die Dunkelheit beleuchtete. Er ging mehrere Runden und hielt nach Raubtieren Ausschau, doch in dieser Nacht näherte sich kein einziger Löwe. Da begriff er, dass sich die Löwen vor einem Licht fürchteten, das sich bewegte.

Richard fing an zu grübeln und zu experimentieren. Er war immer schon neugierig gewesen. Wenn etwas nicht gleich funktionierte, machte ihm das nicht besonders viel aus – und das ist gut, wenn man etwas erfinden will, was es noch nicht gibt. Die Erwachsenen hielten ihn für ein pfiffiges Kerlchen, trotzdem wurde seine Mama einmal richtig wütend, als er ihr neues Radio auseinandernahm, obwohl das gar nicht kaputt war. Allerdings brachte er sich auf diese Weise viel über Elektronik bei, und dieses Wissen war ihm bei der Arbeit an seiner Erfindung von großem Nutzen.

Als Erstes beschaffte Richard eine alte Autobatterie. Dann kaufte er auf einem Schrottplatz eine Blinkanlage. Die Blinkanlage steuert an einem Auto oder Motorrad die Blinker. Richard besorgte sich einen Schalter und mehrere Taschenlampen. Dann malte er auf, wie seine Idee funktionieren würde. Er kam zu dem Schluss, dass er noch ein Solarpanel bräuchte, um die Sonnenenergie zu speichern und damit die Autobatterie aufzuladen. Am Ende setzte er alles zusammen und montierte die Taschenlampen auf die Pfosten rund um den Pferch.

Würde es funktionieren? Richards Papa war skeptisch. Und auch die Nachbarn bezweifelten, dass etwas so Einfaches wie blinkende Lämpchen Raubtiere verjagen sollte. Doch Richard glaubte an seine Idee. Kurz bevor er sich am Abend schlafen legte, drückte er auf den Schalter, sodass die Taschenlampen zu blinken begannen – ganz ohne menschliches Zutun und allein unter dem weiten Sternenhimmel.

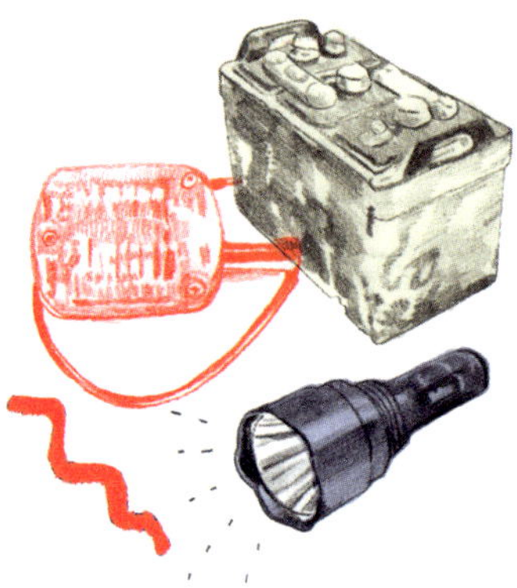

Als er morgens aufwachte, hatte sich kein einziger Löwe an die Herde gewagt. Stolz berichtete er, dass er die Löwen hereingelegt hatte: „Die Löwen glaubten, ich würde mit einer Taschenlampe herumgehen. Dabei lag ich im Bett und habe geschlafen!" Von dem Moment an, als Richard seine Erfindung aufgebaut hatte, hatte die Familie nie wieder Probleme mit Löwen.

VOM HIRTEN ZUM PROMI

Allmählich verbreitete sich die Geschichte von den Löwenlampen auch in den Nachbardörfern. Eine ältere Massai, die oft hatte mit ansehen müssen, wie die Löwen ihre Rinder gerissen hatten, bat ihn, seine Erfindung auch an ihrem Pferch zu montieren. Und auch hier funktionierte sie! Prompt war der nächste Nachbar interessiert. Es meldeten sich immer mehr Leute auch aus anderen Landesteilen. Heute wird Richards Erfindung in ganz Kenia benutzt! Die Löwenlampen vertreiben nicht nur Löwen, sondern auch andere Raubtiere wie Hyänen und Leoparden; ja, sogar Elefanten, die durch die Dörfer trampeln und Gemüsebeete, Zäune und Schuppen zerstören.

Die Löwenlampe hat Richard zu einer Berühmtheit gemacht. In seinem Heimatdorf gab es für ältere Kinder keine Schule, doch weil er so pfiffig, hartnäckig und kreativ war, bekam Richard ein Stipendium für eine der besten Schulen Kenias, die Brookhouse International School. Und obwohl er aus einer wesentlich ärmeren Familie stammte als seine wohlhabenden Klassenkameraden, fand er sich dort problemlos zurecht. Vielleicht lag es daran, dass sein Selbstvertrauen einen ordentlichen Schub bekommen hatte, nachdem er ein so großes Problem auf so kluge und einfache Weise gelöst hatte.

Der Direktor an Richards neuer Schule war stolz auf den neuen Schüler und betonte, dass Beharrlichkeit eine gute Eigenschaft sei. Als er mal gebeten wurde, Richard zu beschreiben, sagte er: „Er gibt nicht auf. Er geht nie davon aus, dass etwas zu schwierig sein könnte. Er macht sich auch keine Sorgen, dass er scheitern könnte, sondern bleibt bei der Sache, bis er eine Lösung gefunden hat."

An der Schule tüftelte Richard weiter an seiner Löwenlampe. Gemeinsam mit seinen Mitschülern sammelte er Spenden, um die Landbevölkerung darüber zu informieren, dass es möglich war zu verhindern, dass Löwen ihre Herden töteten, ganz ohne dafür den Löwen ein Haar zu krümmen. „Manchmal habe ich sogar Schulfreunde mit in mein Dorf genommen und zusammen montieren wir dort bei verschiedenen Leuten Löwenlampen. Ich zeige allen, wie es geht."

Als Richard 13 Jahre alt war, bekam er eines Tages eine Einladung: Ausgerechnet er, der bis vor Kurzem nicht mal sein Heimatdorf verlassen hatte, sollte quer über den Atlantik in die USA fliegen. Die Organisatoren einer Art Konferenz, die sich TED Talks nannte, wollten, dass er nach Kalifornien kam und von seiner Löwenlampe erzählte, die mithilfe von blinkenden Lämpchen sowohl den Rindern als auch den Löwen das Leben rettete. Auf ein und derselben Bühne würden auch weltbekannte Wissenschaftler, erfolgreiche Unternehmer und andere Erfinder sprechen. Viele Kinder finden es allein schon gruselig, ein Referat vor der Klasse zu halten, und jetzt sollte sich Richard vor 1400 wildfremden Leuten auf die Bühne stellen – in einem Land, von dem er bislang immer nur geträumt hatte, wenn er hoch über der Savanne Flugzeuge vorbeifliegen sah. Außerdem war er recht schüchtern und sprach – nach eigener Aussage – nur „halbgut" Englisch.

Aber Richard blieb hartnäckig – und er bekam Hilfe. Er durfte seinen Vortrag mehrmals vor seinen Klassenkameraden an der Brookhouse School üben, und am Ende war das schlimmste Lampenfieber verflogen. Er spürte, dass es ihm immer leichter fiel, auf der Bühne ganz natürlich zu sein und frei zu sprechen, statt nur vom Papier abzulesen.

Nach einem langen Flug fast bis ans andere Ende der Welt landete Richard in Long Beach, trat ins Scheinwerferlicht und erzählte von seiner Löwenlampe, die so vielen half, ihre Herde zu beschützen. Klar war er da auch ein bisschen nervös, aber das spielte keine Rolle. Sobald Richard das Wort ergriffen hatte, hingen die Zuhörer an seinen Lippen, und wann immer er lächelte, lächelten die anderen auch. Anschließend sprang das Publikum auf und jubelte ihm zu. Sein Vortrag war ein voller Erfolg gewesen!

Am Ende fasste er seinen Weg zusammen: „Vor einem Jahr war ich ein normaler Junge aus der Savanne, der auf die Rinder seines Vaters aufgepasst hat. Ich habe die Flugzeuge über mir gesehen und mir gesagt: Eines Tages sitze ich auch in so einem! Und jetzt stehe ich hier. Ich durfte mit dem Flugzeug anreisen – mein erster Flug für diesen TED Talk! Mein großer Traum ist es, Flugzeugingenieur und Pilot zu werden, wenn ich groß bin."

Dass Menschen Löwen töten, um sich selbst und ihre Familien zu beschützen, passiert in Kenia und in anderen afrikanischen Ländern noch immer. Doch Richards Erfindung ist eine von mehreren Möglichkeiten, die verhindern können, dass die Löwen bald ausgerottet sein werden. „Früher habe ich Löwen gehasst. Aber mit meiner Erfindung kann ich die Herde meines Vaters und gleichzeitig die Löwen retten. Jetzt können wir friedlich nebeneinanderherleben." ◆

girls

BILDUNGSBOTSCHAFTERIN

MUZOON ALMELLEHAN

GEBOREN 1999 • SYRIEN & GROSSBRITANNIEN

DIE KINDER konnten zwischen den Häusern Schüsse hören. Ein paar Straßenzüge weiter explodierte etwas, und ein Wohnhaus stürzte in sich zusammen. Selbst aus der Entfernung waren die Erschütterungen deutlich zu spüren. Es war noch gar nicht lang her, dass Syrien ein Land gewesen war, in dem Kinder ganz normal aufwachsen konnten. Sie gingen in die Schule, spielten Fußball, malten und stritten mit ihren Eltern, weil sie schon wieder ihr Zimmer aufräumen sollten. Doch inzwischen konnte es passieren, dass aus der Steckdose kein Strom und aus dem Wasserhahn kein Wasser mehr kam. Zur Arbeit oder zur Schule zu kommen, ohne dabei sein Leben zu riskieren, war fast unmöglich. Wenn man die Straße überquerte, lauerten dort Heckenschützen. Hubschrauber warfen Splitterbomben, die die eigene Regierung hatte produzieren lassen. Es herrschte Bürgerkrieg.

Muzoon Almellehan und ihre Familie – Mama Eman, Papa Rakan, die kleine Schwester Yusra und die jüngeren Brüder Zain und Muhammed – waren nach Ausbruch des Krieges noch zwei lange Jahre in Darʿā geblieben, doch jetzt ging es nicht mehr. Sie mussten fliehen. „Pack das Wichtigste, was du brauchst, in deinen Rucksack", sagte Papa Rakan. Muzoon lief sofort in ihr Zimmer, zog den Rucksack auf und packte ihre Schulbücher hinein.

Das Wichtigste für sie war ihre Schulbildung.

DIKTATUR UND KRIEG

Darʿā liegt etwa 100 Kilometer südlich der syrischen Hauptstadt Damaskus. Eines Tages im Jahr 2011 hatten ein paar Teenager, die auf ihre Regierung sauer waren,

im südlichen Teil der Stadt Parolen auf eine Schulmauer geschrieben. „Das Volk will den Sturz des Regimes“, stand da. Die Jungen wurden verhaftet und gefoltert, obwohl sie noch Kinder waren und Folter nach internationalem Recht verboten ist. Die darauffolgenden Proteste mündeten in einen Bürgerkrieg zwischen der Regierung und verschiedenen Rebellengruppen, die es leid waren, in einer Diktatur zu leben. Eine Diktatur ist das Gegenteil von Demokratie und beruht darauf, dass eine einzige Person bestimmt, was richtig und was falsch ist. In Syrien heißt der Diktator Bashar al-Assad. Er regiert das Land schon seit 20 Jahren. Vorher war es sein Vater gewesen. Bis heute herrscht Krieg in Syrien, andere Länder haben sich eingemischt und unterstützen die verfeindeten Seiten mit Waffen und Geld. Bislang sind in dem Krieg über 400 000 Menschen ums Leben gekommen, davon 22 000 Kinder.

Eines der Kinder, denen es gelang, aus Syrien zu fliehen, war Muzoon. Sie war 12, als der Krieg ausbrach, und 14, als sie flüchten musste. Das Leben in Darʿā sei nach Kriegsausbruch ganz fürchterlich gewesen, hat sie erzählt. Jeden Tag aufzuwachen und um sein Leben oder das eines geliebten Menschen zu fürchten, war zermürbend. Als es schließlich zu gefährlich wurde und auch die Schulen schließen mussten, beschloss Muzoons Papa, mit der Familie im Nachbarland Jordanien Schutz zu suchen. Sie gehörten zu den Ersten, die Syrien verließen. Heutzutage gibt es weltweit mehr als sechs Millionen syrische Flüchtlinge. Die meisten davon leben in Flüchtlingslagern in Nachbarländern. Weitere sechs Millionen sind innerhalb Syriens auf der Flucht.

AUF DER FLUCHT

Mitten in der Nacht im Schutz der Dunkelheit brach die Familie auf. Die Grenze zu Jordanien war elf Kilometer entfernt. Muzoon nahm alle Kraft zusammen, hatte jedoch Schwierigkeiten, mit den anderen Schritt zu halten. Sie war müde, weil sie eigentlich gewohnt war, nachts zu schlafen, außerdem lastete der Rucksack auf ihren Schultern. Papa Rakan beschwerte sich, dass sie so langsam war, und wollte wissen, warum ihr Rucksack so schwer war. Muzoon zeigte ihm die vielen Bücher über Geschichte, Chemie und Physik.

„Wir waren in der Schule in der Prüfungsphase gewesen, und ich hatte rund um die Uhr gelernt", hat sie später erzählt. „Meine größte Angst war, dass ich nicht würde weiterlernen dürfen. Ich habe die Schule geliebt!"

Papa Rakan klappte die Kinnlade runter. Er war davon ausgegangen, dass seine Tochter warme Kleidung und vielleicht ein, zwei Lieblingssachen eingepackt hätte. Andererseits ahnte er schon, dass er selbst und seine Frau schuld daran waren, dass die Tochter stattdessen Bücher mitgenommen hatte. Beide waren Lehrer und hatten Muzoon immer gepredigt, dass der Schulabschluss für ihre Zukunft entscheidend sei. „Bildung kann dir keiner mehr nehmen", sagte Rakan oft zu Muzoon; jetzt war sie womöglich die Einzige auf der Welt, die Hals über Kopf hatte fliehen müssen und ausschließlich Schulbücher eingepackt hatte.

Nach einem langen Marsch gelang es der Familie, über die Grenze nach Nordjordanien zu kommen. Hier war das Land karg. Es wehte ein scharfer Wind, und die einzigen Lebewesen, denen das gut zu gefallen schien, waren Schlangen und Skorpione. Doch mitten in der Wüstenlandschaft befindet sich mit 80 000 Menschen eines der weltgrößten Flüchtlingslager, Zaʿtarī. Hier bekam die Familie ein eigenes Zelt, allerdings ohne elektrischen Strom, Frisch- und Abwasserversorgung. Jeden Tag mussten sie an einer Pumpe Wasser holen. Essen kochten sie in der Gemeinschaftsküche. Muzoon vermisste ihr altes Leben, die Schule und ihre Freunde. Im Lager kam ihr alles hoffnungslos vor.

LAGERLEBEN

Das Leben in einem Flüchtlingslager ist in vielerlei Hinsicht schwer, nicht nur weil es im Winter kalt und feucht werden kann. Die Flüchtlinge wohnen in Zelten oder Containern, denn alle gehen davon aus, dass sie sich dort nicht lange aufhalten werden; dabei bleiben viele Familien mehrere Jahre. Die meisten bekommen keine Arbeitserlaubnis außerhalb des Lagers, weil sie Ausländer sind. Wer nicht arbeiten darf, kann kein Geld verdienen und somit auch weder Essen noch Kleidung oder etwas anderes kaufen, was eine Familie braucht – selbst wenn sie von den Vereinten Nationen Unterstützung bekommt. Ebenso wenig können sie aber in ihre Heimat zurückkehren, weil dort immer noch Krieg herrscht. Es gibt keinen Ausweg aus diesem Dilemma. Für Muzoon veränderte sich erst etwas, als sie erfuhr, dass das UN-Kinderhilfswerk UNICEF im Lager eine Schule unterhielt.

Mehr als die Hälfte der Bewohner von Zaʿtarī waren Kinder; trotzdem gab es nur eine Handvoll Lagerschulen. Dort wechselten sich die Kinder ab: Einige besuchten den Unterricht vormittags, die anderen waren nachmittags dran. Endlich durfte Muzoon wieder lernen! Auf dem Stundenplan standen unter anderem Mathe und Englisch. Wenn Kinder zur Flucht gezwungen werden, werden viele ihrer Rechte verletzt – beispielsweise das Recht auf Schulbildung. Gemäß der Kinderrechtskonvention muss die Grundschule kostenlos sein, und es besteht Schulpflicht, das heißt, jedes Kind muss zumindest die Grundschule besuchen. Allerdings sieht die Wahrheit für Millionen Kinder auf der ganzen Welt anders aus. Vor allem Teenager brechen die Schule oft zu früh ab. Muzoon stellte fest, dass das im Lager ganz ähnlich war. „Ich sah die Hälfte meiner Klassenkameradinnen nach und nach verschwinden. An einem Tag waren sie noch da, am nächsten wurden sie bei einer Kinderhochzeit wegverheiratet. Ich hatte das Gefühl, dagegen musste ich etwas tun."

In Muzoons Klasse brach die Hälfte der insgesamt 40 Mädchen die Schule ab. Auch wenn sie noch lange nicht volljährig waren, sollten sie bereits verheiratet werden. Kinderehen kamen in Syrien vor dem Krieg nicht so häufig vor, doch im Flüchtlingslager war es für viele Eltern eine Erleichterung, die Töchter früher als gedacht wegzugeben und nicht mehr selbst für sie sorgen zu müssen. Die Jungen hingegen schmissen die Schule, weil sie gezwungen waren, Geld zu verdienen und auf den Feldern zu arbeiten.

SCHULE STATT HOCHZEIT!

Muzoon, die die Schule liebte und wusste, wie wichtig eine gute Ausbildung war, sowohl für sie selbst als auch für die Zukunft Syriens, wurde wütend. Sie beschloss, innerhalb des Flüchtlingslagers zur Bildungsverfechterin zu werden. „Erst redete ich nur in der Klasse über den Wert von Bildung. Dann ging ich in der ganzen Schule herum. Anschließend zog ich im Flüchtlingslager von Zelt zu Zelt, um mit den Eltern und Kindern zu sprechen."

In der staubigen Wüstenhitze erwies sich das als Schwerstarbeit. Und bei Weitem nicht alle wollten auf sie hören. Manche wurden sauer und meinten, Muzoon dürfe sich nicht in die Erziehung fremder Kinder einmischen. Andere fanden, dass Muzoon mit ihrer Meinung über die Kinderehe falschlag. Ein Mädchen im Teenageralter zu verheiraten war immerhin teils Tradition. „Manche Eltern glauben, indem sie ihre Töchter verheiraten, sichern sie deren Zukunft", hat Muzoon erklärt. „Ich versuche, ihnen verständlich zu machen, dass Bildung der beste Weg ist, um die Zukunft der Töchter abzusichern. Teils werden sie wütend und verweisen auf ihre Kultur und Tradition, und dann antworte ich immer, dass man seine Traditionen auch nicht komplett über Bord werfen muss, dass aber ein Teil davon nicht mehr zeitgemäß ist."

Die Kinderehe verstößt außerdem gegen die Menschenrechts- und Kinderrechtskonvention. Jeder hat das Recht, über seinen Körper und sein Leben selbst zu entscheiden. In Deutschland darf man als Minderjähriger nicht mehr heiraten, und im Ausland geschlossene Kinderehen werden aufgehoben.

Muzoon erinnert sich besonders gut an ein 16-jähriges Mädchen, das sie erfolgreich von der Hochzeit abbringen konnte: Die Familie hatte sie mit einem Mann verheiraten wollen, der älter war als ihr eigener Vater. Nach langen Diskussionen – sie müsse an ihre Zukunft denken – kehrte das Mädchen in den Unterricht zurück und weigerte sich, den Mann zu heiraten. Dank Muzoons Beharrlichkeit kam ein Kind nach dem anderen in die Schule zurück.

Das Gerücht von Muzoons unermüdlicher Arbeit machte nicht nur entlang der ausgetretenen Pfade im Flüchtlingslager die Runde, sondern sogar in

Großbritannien. Dort hatte eine andere Kämpferin für Menschenrechte sich gerade erst wieder erholt, nachdem ihr in den Kopf geschossen worden war, nur weil sie zur Schule hatte gehen wollen. Sie hieß Malala. (Mehr über sie erfährst du im Kapitel über Malala Yousafzai, ab Seite 75.) Als Muzoon eines Tages mit ihren Freundinnen aus dem Lager zusammensaß, stand plötzlich Malala vor ihr. Sie wollte sich für Muzoons Engagement bedanken und sie zum Weitermachen ermuntern. Muzoon war wahnsinnig stolz. Sie hatten so vieles gemeinsam! Malala war nur ein Jahr älter als Muzoon, und beide hatten ihre Heimat verlassen müssen. Beide liebten die Schule. Die Freundschaft mit Malala würde für Muzoon sehr wichtig werden.

„Malala ist eine Heldin für mich, weil sie so sehr leiden musste und fast an ihren Verletzungen gestorben wäre. Für mich als Flüchtling heißt das, dass ich die Hoffnung nie aufgeben darf", sagte Muzoon einmal. „Ich habe die Hoffnung auf Bildung."

Muzoon wurde sogar nach Oslo eingeladen, um dabei zu sein, als Malala 2014 den Friedensnobelpreis verliehen bekam.

Inzwischen wurde sie selbst bereits „die syrische Malala" genannt.

Irgendwann sollte die Familie in ein anderes jordanisches Flüchtlingslager umsiedeln. Zaʿtarī selbst war zusehends sicher geworden und sah sogar immer mehr aus wie eine normale Stadt, weil die Familien allmählich begriffen hatten, dass sie noch länger dort bleiben würden. Die Leute hatten mit altem Baumaterial kleine, einfache Hütten gezimmert, es wurden mehr Schulen eröffnet und eine Art Hauptstraße mit Geschäften und Lokalen hatte sich herausgebildet. Die wurde scherzhaft Shams-Élysées genannt: ein Wortspiel aus der Pariser Luxuseinkaufsmeile Champs-Élysées und al-Sham, wie Syrien im Nahen Osten manchmal umgangssprachlich genannt wird.

Das Flüchtlingslager al-Azraq, wohin die Familie ziehen musste, war nicht annähernd so beliebt. Es lag inmitten der Wüste; in den Sommermonaten war die Hitze unerträglich. Strom gab es selten, und das Essen war teuer.

Muzoon fing an einer neuen Schule an. Ihre Lieblingsfächer waren die Naturwissenschaften, doch weil die Stromversorgung so schlecht war, konnten sie kaum Experimente durchführen oder Computer und Handys benutzen. Blieben also nur Bücher. Auch wenn die Familie immer noch unter schlechten Bedingungen lebte, lernte Muzoon mehr denn je. Gleichzeitig half sie ihren kleinen Geschwistern bei den Hausaufgaben und setzte auch hier ihre beharrliche Mission fort, so viele Kinder wie möglich zum Unterricht zu überreden. Sie selbst hatte sich vorgenommen, die nationale Schulabschlussprüfung zu bestehen, doch es war wie verhext: Jedes Mal, wenn sie sich gerade auf die Prüfungen vorbereitete, musste die Familie erneut umziehen.

EIN NEUES LAND

Nach drei Jahren in al-Azraq war es erneut so weit: Der Familie war die Ausreise als sogenannte „Kontingentflüchtlinge" genehmigt worden. Viele Länder nehmen jährlich ein bestimmtes Kontingent an schutzbedürftigen Flüchtlingen auf. Diese werden noch in UN-Flüchtlingslagern ausgewählt und dürfen in ihrem neuen Land wohnen, arbeiten und zur Schule gehen. Kontingentflüchtlinge unterscheiden sich von Asylsuchenden: Letztere reisen eigenständig in ein anderes Land ein und müssen dann erst beantragen, bleiben zu dürfen, ehe sie ein neues Leben beginnen können. Zuerst hieß es, Muzoons Familie solle nach Kanada ziehen. „Das ist doch viel zu weit weg!", rief Papa Rakan. Als Nächstes hieß es: Schweden. „Von uns kann aber keiner Schwedisch", wandte er ein. Was er nicht wusste: Muzoon hatte eigenmächtig verhandelt, dass sie nach Großbritannien kämen, genauer gesagt nach Newcastle.

Die Familie wusste über die Stadt kaum mehr als das, was Muzoon gegoogelt hatte, wann immer sie Glück hatte und ihr Handy aufladen konnte: Newcastle lag am Meer. Dort gab es viele Fabriken. Die Royal Shakespeare Company trat dort häufig auf. Muzoon würde eine englische Schule besuchen. Als sie in ihrem neuen Heimatland aus dem Flugzeug stieg, lernte sie noch etwas: Es war kalt in England. „In Jordanien war es so heiß gewesen, dass ich immer davon geträumt habe, an einem kühleren Ort zu leben, aber in Newcastle war es genau andersherum."

Die Familie wurde von Vertretern der Stadt willkommen geheißen, die sämtlichen syrischen Flüchtlingen helfen sollten, sich zurechtzufinden. Sie freuten sich besonders auf Muzoon, weil mittlerweile bekannt war, wie hart sie für das Kinderrecht auf Bildung gearbeitet hatte. Anschließend wurden sie in ihre neue Wohnung gebracht. Neugierig inspizierten Muzoon und ihre Geschwister die neuen Zimmer. In der

Küche stand ein Kühlschrank, der voll war mit Essen, und in der Speisekammer standen Tee, Kaffee, Zucker, Mehl und andere Dinge, die man benötigte, wenn man für eine ganze Familie kochen wollte. Hier sah es fast aus wie zu Hause in Darʿā – damals vor vielen Jahren, als noch kein Krieg geherrscht hatte, als ihre Zukunft in Syrien lag und nirgendwo sonst. Und bald hingen auch Schuluniformen für eine neue Schule an Kleiderbügeln. Die Geschwister würden alle in die Kenton School gehen.

In der Schule hatten sich Lehrer und Mitschüler auf die Ankunft der syrischen Flüchtlinge vorbereitet. Sie hatten darüber gesprochen, wie es wohl wäre, einem Krieg entkommen zu müssen. Kriegsflüchtlinge mussten nicht nur ihre Heimat verlassen, sie hatten mitunter auch grässliche Dinge erlebt. Natürlich nicht alle, aber ein Teil hatte mit eigenen Augen gesehen, wie Angehörige oder Freunde gestorben waren, und nichts dagegen tun können. Andere waren selbst verletzt worden, hatten gewaltsame Übergriffe erlebt oder sich bei bewaffneten Angriffen verstecken müssen. Die Schule wollte, dass die Schüler die Neuen akzeptierten und ihnen offen begegneten, selbst wenn sie noch nicht so gut Englisch sprachen.

Für Muzoon war alles anders und fremd. Sie musste die ganze Zeit all ihre Bücher herumtragen, statt sie in einen Schrank zu stellen, wie sie es aus Syrien gewohnt war. Außerdem musste sie für jedes Fach das Klassenzimmer und den Lehrer wechseln. In der Schulkantine gab es mysteriöses Essen wie Pasteten mit Kartoffelbrei, Fischstäbchen und Cheeseburger. Muzoon und ihren Geschwistern kam nichts davon bekannt vor – nur Obst und Gemüse, und daran hielten sie sich. Am schwersten jedoch war zu verstehen, was ihre Schulkameraden sagten. In Newcastle spricht man einen Dialekt namens Geordie, und der klang so gar nicht wie das, was sie in Syrien und Jordanien im Englischunterricht gelernt hatten. „Sie haben so schnell geredet, und ich hab nichts verstanden! Sie haben Sachen komplett anders ausgesprochen, als ich es gewohnt war. Zum Beispiel sagten sie ‚*hoooose*' statt ‚*house*' und ‚*booook*' statt ‚*book*'. "

Es kostet viel Energie, ein komplett neues Leben zu beginnen. Doch während ihr immer noch der Kopf schwirrte, bekam Muzoon lieben Besuch: Malala, die immer gesagt hat, dass man die Bedeutung von Freundschaften nie unterschätzen darf,

war aus Birmingham gekommen, um Hallo zu sagen. Die Mädchen hatten über Skype und E-Mail Kontakt gehalten und sich auch in al-Azraq noch mal gesehen.

„Das war der glücklichste Moment meines Lebens, als ich hörte, dass Muzoon ebenfalls herkommen durfte, weil ich mich noch gut daran erinnern konnte, wie ich sie im Flüchtlingslager besucht hatte, und an die Umstände, unter denen sie dort lebte", erzählte Malala.

Kein Jahr nachdem Muzoon an der englischen Schule angefangen hatte, durfte sie in einigen Fächern endlich die ersten Prüfungen ablegen. Sie bekam eine Eins in Arabisch und eine Zwei in Mathe und Englisch. Das war ein toller Tag, und stolz hielt sie ihr Zeugnis in die Kamera eines Zeitungsfotografen. Aber es sollte nicht der einzige Erfolg bleiben, den sie erzielte: Am Weltflüchtlingstag 2017 wurde Muzoon zur UNICEF-Botschafterin ernannt. UNICEF-Botschafter zu sein ist ein Ehrenamt für bekannte Persönlichkeiten, die sich für Kinderrechte starkmachen. Der Fußballer Lionel Messi und die Sängerin Katy Perry sind ebenfalls UNICEF-Botschafter. Muzoon wurde die jüngste Botschafterin aller Zeiten. Das Beste daran war, dass sie sich jetzt noch stärker dafür einsetzen konnte, dass die syrischen Kinder in den Flüchtlingslagern zur Schule gingen!

Seither ist Muzoon um die Welt gereist und lehrt Mädchen, dass Bildung ihnen Hoffnung und eine Zukunft garantiert. Sie ist mit dem wichtigen Dresdner Friedenspreis ausgezeichnet worden und hat auf zahlreichen Konferenzen vor Regierungschefs Reden gehalten. Irgendwann hatte sie die Möglichkeit, nach Syrien zurückzureisen und auch die Flüchtlingslager erneut zu besuchen. Nachdem sie dort Mädchen kennengelernt hatte, die in der gleichen Lage waren wie sie selbst nur ein Jahr zuvor, war sie umso entschlossener, für die weltweit 27 Millionen Kinder zu kämpfen, die aufgrund von Kriegen oder anderen Konflikten nicht zur Schule gehen können.

Gleichzeitig gewöhnte sie sich immer besser an das Alltagsleben in Newcastle, auch zu Hause. Dort büffelte Muzoon natürlich immer noch. Sie fing an, Politikwissenschaft zu studieren, und will inzwischen Journalistin werden. Doch eines war die ganze Zeit klar: Sie würde niemals aufhören, für Mädchen zu kämpfen, denen die Ausbildung verweigert wird, sei es in Syrien oder anderswo auf der Welt: „Wenn jemand mir damals, als ich aus Syrien flüchten musste, erzählt hätte, dass ich eines Tages um die Welt reisen, für das Recht von Kindern auf Schulbildung werben und mit Regierenden darüber sprechen würde, hätte ich die Person für verrückt erklärt. Doch hier bin ich, und ich werde nicht aufhören, bis ich meine Mission erfüllt habe." ◆

UMWELT- UND KLIMAAKTIVISTINNEN

MELATI & ISABEL WIJSEN

GEBOREN 2000 & 2002 • INDONESIEN

MELATI UND IHRE SCHWESTER ISABEL hatten fast ihr ganzes Leben auf der indonesischen Insel Bali verbracht. Jahrelang hatten sie sich in ihrer Freizeit dafür eingesetzt, Bali von Plastik zu befreien. Vor allem Plastiktüten vermüllten die paradiesischen Strände, die jährlich Millionen Touristen anlocken. Doch jetzt waren die Schwestern wütend. Der Gouverneur, der in Bali die Regierungsgeschäfte führte, wollte ihnen nicht zuhören. Sie hatten ihn schon seit Langem treffen wollen, um Unterschriftenlisten von Leuten zu übergeben, die sich für ein Verbot von Plastiktüten auf der Insel aussprachen.

Aber der Gouverneur antwortete einfach nicht.

Was sollten sie tun? Melati und Bel, wie Isabel meist genannt wurde, waren gerade erst aus Indien zurückgekehrt. Dort hatten sie von einem legendären Freiheitskämpfer namens Mahatma Gandhi erfahren, der die Welt dazu gebracht hatte, ihm zuzuhören, indem er mit gewaltlosen Mitteln protestierte. Auf Hindi heißt dieses Prinzip *ahimsa*. Irgendwann hatte Gandhi es satt gehabt, dass er bei den Politikern immer nur auf taube Ohren stieß, und trat in einen Hungerstreik. Um für die Rechte der sogenannten „Unberührbaren“ zu demonstrieren, der Ärmsten der Armen in Indien, die von der Regierung schändlich behandelt wurden, aß er sechs Tage lang nichts.

„Wir treten auch in einen Hungerstreik“, teilten die Schwestern ihren Eltern mit, die von der Idee weniger begeistert waren.

Aber es war beschlossene Sache. Von Sonnenaufgang bis Sonnenuntergang wollten sie nichts mehr essen, bis der Gouverneur sich auf ein Treffen einließe.

IM EINKLANG MIT DER NATUR

Melati und Bel hatten immer im Einklang mit der Natur gelebt. Als sie noch klein waren, wohnten sie auf einem Segelboot, das vor einer kleinen balinesischen Siedlung namens Seseh ankerte. Das Segelboot war ein *phinishi*, ein traditionelles indonesisches Boot. Die Familie lebte unter anderem davon, dass die Eltern Inseltouren mit Touristen machten. Indonesien besteht nämlich aus 17 500 Inseln.

„Unserem abenteuerlustigen Vater verdanken wir es, dass wir die Natur so lieben“, hat Melati einmal gesagt. Als die Schwestern noch ganz klein waren, tanzte er mit ihnen im Regen, bemalte ihre Gesichter mit Lehm und erzählte ihnen Geschichten über Mensch und Natur. Bel vermutet, dass er sich viele Geschichten selbst ausgedacht hat, um den Kindern spielerisch zu vermitteln, dass sie in allem Chancen statt bloß Schwierigkeiten erkennen sollten. Von ihrem Papa lernten sie, optimistisch zu sein und an sich zu glauben. Von ihrer Mama wiederum lernten sie, andere mitfühlend und freundlich zu behandeln.

Melati und Bel waren stolz auf das wunderschöne Land, in dem sie lebten. In Bali gibt es dichten Dschungel und große Wälder, in denen man Obst pflücken kann. In der Mitte der Insel findet man mehrere aktive Vulkane, und ringsum entlang der Täler erstrecken sich grüne Reisterrassen. An den Berghängen wachsen exotische Blumen, an den Küsten trifft das Meer auf weitläufige Strände. Bali wird auch die Insel der Götter genannt. Doch manche sagen, Bali sei eine Müllinsel.

Tatsache ist nämlich, dass Einwohner und Touristen auf Bali Müll in der Größenordnung eines 14-stöckigen Hochhauses produzieren – und zwar jeden Tag! Der Plastikmüll landet in der Natur und wird über zahlreiche Flüsse ins Meer geleitet. Eines der Probleme war, dass Bali und andere indonesische Inseln nicht über genügend Mülldeponien verfügten, in denen der Abfall gesammelt werden konnte – und so landete ein Großteil davon einfach im Meer. Allerdings dauert es bis zu 20 Jahre, bis sich eine Plastiktüte zersetzt – und dann ist sie immer noch nicht vollends verschwunden. Die Tüte zerfällt bloß in zigtausend mikroskopisch kleine Teilchen, die Mikroplastik genannt werden und mehrere Hundert Jahre überstehen.

Tüten, die nicht im Meer oder irgendwo in der Natur landen, werden verbrannt. Bei der Verbrennung von Plastik entsteht aber Rauch, der schädliche Dioxine enthält. Obwohl Plastik so schlecht für die Umwelt ist, verwendet jeder Mensch im Schnitt jährlich Hunderte Tüten: beim Einkaufen, beim Einfrieren von Lebensmitteln, als Müllbeutel und als Verpackungsmaterial. Nur fünf Prozent aller Tüten werden recycelt.

PROTEST GEGEN PLASTIK

So darf es nicht sein, waren sich die Schwestern einig, als sie eines Tages nach der Schule zu Hause auf dem Sofa saßen. Wenn die Insel eine Zukunft haben sollte, mussten sie etwas unternehmen. Melati und Bel waren gerade zwölf und zehn Jahre alt und besuchten die Green School, eine Schule, an der die Schüler lernen, sich für Nachhaltigkeit auf diesem Planeten zu engagieren. Im Unterricht hatten sie erst kürzlich von herausragenden Persönlichkeiten erfahren, die die Welt verändert hatten: Martin Luther King beispielsweise war Pastor gewesen und hatte sich mutig für die Rechte der Afroamerikaner in den USA eingesetzt. Nelson Mandela hatte sich gegen die Apartheid in Südafrika zur Wehr gesetzt und war nach einer langen Haftstrafe sogar Präsident geworden. (Apartheid ist eine rassistische Politik; mehr dazu erfährst du im Kapitel über Nkosi Johnson, ab Seite 65.) Die britische Prinzessin Diana hatte sich in zahlreichen Ländern für das Verbot von Landminen starkgemacht. (Landminen sind verbuddelte Sprengsätze, durch die Kinder schwer verletzt werden können, wenn sie in Gegenden spielen, in denen zuvor Kriegshandlungen stattgefunden haben.)

Jetzt hatten die Schwestern gar kein anderes Thema mehr. Je länger sie über all die Leute sprachen, die etwas für falsch gehalten und es daraufhin eigenmächtig verändert hatten, umso entschlossener wurden sie, selbst aktiv zu werden. „Wir wollten nicht warten, bis wir älter waren, um etwas zu unternehmen. Wir fragten uns, was wir als Kinder sofort tun konnten“, so Melati. Nach einigem Hin und Her kamen sie darauf, dass sie Bali vom Müll befreien wollten. Dass sie niemals das ganze Problem auf einen Schlag lösen konnten, war ihnen klar. Also brauchten sie ein erreichbares Ziel. Sie beschlossen, sich dafür einzusetzen, dass Plastiktüten auf Bali verboten würden. Wenn sie damit Erfolg hätten, würden sich sicher noch andere mitreißen lassen und versuchen, die Insel vom Müll zu befreien. Doch allein das Verbot von Plastiktüten sollte eine Herausforderung werden.

Melati und Bel gaben ihrer Initiative einen englischen Namen: *Bye Bye Plastic Bags* – „Tschüss, Plastiktüten!" Als Erstes lernten sie, dass jeder, der die Welt verändern will, Verbündete braucht. Allein ist man oft nicht stark genug. Sie holten ihre sechs besten Freunde ins Boot. Gemeinsam krempelten sie die Ärmel hoch und legten los. Sie besuchten Schulen, um anderen Kindern zu erzählen, wie schädlich Plastik für die Umwelt war. Sie gingen auf Märkte und Festivals, um allen zu zeigen, was man statt Plastiktüten verwenden konnte. Sie reinigten Strände und berichteten allen, denen sie begegneten, von ihrem Plan.

Als Nächstes wollten die Schwestern und ihre Freunde versuchen, zumindest ein Dorf dazu zu bewegen, Plastiktüten durch nachhaltigere Alternativen zu ersetzen. Ihr eigenes Dorf Pererenan hatte 800 Einwohner, und im Rathaus war man bereit, den Versuch zu wagen. Die dortigen Politiker erklärten den Einwohnern, warum sie den Kindern und ihrem Anliegen Gehör schenken sollten. Nach einiger Zeit hatten die Einwohner zwei Drittel aller Plastiktüten durch Papier- und Stoffbeutel ersetzt – ganz ohne zu murren! Sie hatten bewiesen, dass man alte Gewohnheiten durchaus verändern konnte!

UNTERSCHRIFTENAKTION

Schließlich beschlossen Melati und Bel, Unterschriften für ein gesetzliches Plastiktütenverbot zu sammeln. Sie wollten unbedingt, dass die Regierung reagierte, und dazu klang eine Million Unterschriften irgendwie gut – bis Bel anfing nachzurechnen. Eine Million sind 10 x 100 000 Namen. Das wären 100 x 10 000 Menschen, die auf ihrer Liste unterschreiben müssten. „Das waren sooo viele!", sagte sie später. Wie sollte das gehen? Gab es überhaupt so viele Menschen auf Bali? Und nun lernten sie, dass noch etwas wichtig ist, wenn man eine Veränderung bewirken will: Kreativität. Man darf sich nicht damit begnügen, wie Dinge immer schon funktioniert haben, sondern muss sich neue Wege ausdenken, wie man Sachen angehen könnte.

Nach einigen Überlegungen hatte eine von ihnen die Idee: Am internationalen Flughafen von Bali waren jährlich 16 Millionen Menschen unterwegs! Dort würden sie die Unterschriften im Handumdrehen zusammenhaben! Nur gab es ein Problem: Wie sollten sie dort hineinkommen? An Flughäfen herrschen strenge Sicherheitsvorkehrungen, und wer nicht selbst verreist, darf nur bis zur Abflughalle. Doch wie Melati mal sagte: „Da muss man hartnäckig bleiben."

Also fuhren die Kinder zum Flughafen und klopften beim nächstbesten Büro an die Tür. Ein Wachmann schickte sie zu einem anderen Raum. Dort saß jemand, der meinte, sie sollten später wiederkommen, wenn eine dritte Person wieder da wäre – die sie wieder an den Allerersten verwies. Nach mehreren durchquengelten Tagen durften sie zu guter Letzt einen Vertreter der Flughafenleitung treffen. Als sie ihm von ihrer Idee erzählt hatten, antwortete er: „Ich kann nicht fassen, dass ich das gleich sage – aber ich denke, ich werde euch erlauben, eure Unterschriften auf der anderen Seite der Sicherheitsschleuse zu sammeln."

Gesagt, getan. Allein in der ersten halben Stunde bekamen sie 1000 Unterschriften zusammen. Es wurden mehr und immer mehr – keine Million vielleicht, aber am Ende waren es gut 100 000 Namen, teils vom Flughafen, teils über die Online-Petition auf ihrer Webseite. Allmählich rückte das Treffen mit dem Gouverneur in greifbare Nähe. Unterdessen hatten sie nämlich eine weitere Lektion darüber gelernt, wie man Veränderungen bewirken kann: Man braucht Unterstützung aus unterschiedlichsten gesellschaftlichen Bereichen. Das können Vereine sein, Studierende, Politiker oder Promis. Melati und Bel hatten die Gelegenheit, sogar UN-Vertreter zu treffen, die das Projekt unterstützten.

Melati hat einmal erzählt, dass sie hier und da die Schule schwänzen musste, um sich über Verordnungen und Gesetzesentwürfe schlauzumachen. „Das war echt interessant. Mit Politikern zu verhandeln ist wie ein Tanz, bei dem man drei Schritte vorwärts und zwei zurück macht – immer und immer wieder. Das ist fast wie beim Cha-Cha-Cha. Dabei habe ich vieles gelernt."

HUNGERSTREIK

Es erfordert viel Geduld, alte Gewohnheiten zu verändern. Und es erforderte umso mehr Hartnäckigkeit – und eine gewisse Besessenheit! –, den Gouverneur zu einem Gespräch zu bewegen. Inzwischen waren anderthalb Jahre vergangen, seit die Schwestern *Bye Bye Plastic Bags* gegründet hatten. Nun beschlossen Melati und Bel also, in den Hungerstreik zu treten, und sie hatten sich gut vorbereitet. Ein Ernährungsberater hatte ihnen erklärt, was sie nach Sonnenuntergang zu sich nehmen sollten, damit sie nicht krank wurden. Aber wie lang würden sie durchhalten müssen? Das wusste keiner.

Ein ganzer Tag verging, dann die Nacht. Die Nachricht von den beiden Mädchen, die aufgehört hatten zu essen, um ein Verbot von Plastiktüten durchzusetzen, verbreitete sich in den sozialen Medien. Tags darauf standen Polizisten vor der Tür. „Was macht ihr denn für Sachen?", fragten sie – und erzählten dann, dass sie Melati und Bel zum Gouverneur bringen sollten. Nach nur 24 Stunden hatte er sich bereit erklärt, die beiden Mädchen zu empfangen!

Wie sich zeigte, fand der Gouverneur ihr Engagement nämlich ziemlich gut und wollte selbst auch, dass Bali von Plastik befreit würde. Feierlich unterschrieben sie ein Abkommen, in dem der Gouverneur versprach, dass ab sofort jedes Schulkind auf Bali lernen würde, warum Plastiktüten schlecht für die Umwelt waren. Außerdem sicherte er ihnen zu, dass die Regierung jeden unterstützen würde, der in Geschäften auf Plastiktüten verzichtete und Alternativen nutzte – und das war bloß der Anfang!

Sobald die Nachricht vom Hungerstreik der Mädchen und ihrer Plastiktüten-Kampagne weltweit die Runde machte, bekamen sie Einladungen von anderen Menschen, die gegen die Plastikflut in den Meeren kämpften. Sie hielten einen TED Talk in London. Sie besuchten die UNO und redeten über die Rettung der Meeresbewohner. Sie fingen an, mit anderen Organisationen zusammenzuarbeiten. Und die indonesische Regierung wollte die Reduzierung des Plastikmülls im Meer um 70 Prozent bis 2025 mit einer Milliarde Dollar finanzieren!

Im Sommer 2019 passierte schließlich das Allerbeste: Plastiktüten, Plastiktrinkhalme und bestimmte Plastikverpackungen für Lebensmittel wurden auf Bali komplett verboten. Melati und Bel hatten das Ziel erreicht, für das sie gekämpft hatten, seit sie zwölf und zehn Jahre alt waren. Inzwischen waren sie 16 beziehungsweise 18 und fuhren mit Blumen und einer Torte zum Gouverneur, um das Gesetz zu feiern. Sie wollten Danke sagen – oder *terima kasih*, wie es auf Indonesisch heißt –, weil die Regierung auf sie gehört und das Problem ernst genommen hatte. Sowohl Melati als auch Bel war klar, dass sie durch das Verbot noch nicht alle Müllprobleme auf Bali gelöst hatten. Aber die Idee, die sie einst nach einem langen Schultag zu Hause auf dem Sofa gehabt hatten, war immerhin ein wichtiger Meilenstein gewesen.

Als die Schwestern darauf zurückblickten, was sie alles erreicht hatten, überlegten sie auch, welchen Rat sie anderen geben sollten, die für den Natur- und Klimaschutz eintreten wollten. Ihr erster Ratschlag war, an sich selbst und an sein Team zu glauben. Der zweite lautete, man solle eine Leidenschaft entwickeln: „Uns ging es darum, die Natur zu bewahren und eine Lösung für all das Plastik im Meer zu finden. Wir haben uns dort, wo wir lebten, umgesehen und erkannt, dass wir im Hier und Jetzt etwas bewirken konnten." Und das Wichtigste war für sie, damit auch sofort loszulegen: „Es ist leichter, wenn man sich etwas vornimmt, was man direkt umsetzen kann. Da heißt es, sich realistische Ziele zu setzen und Schritt für Schritt beharrlich darauf hinzuarbeiten. Wir starteten unsere Kampagne, indem wir die Plastiktüten aus unserem eigenen Dorf verbannen wollten. Daraus ist dann das große Ganze entstanden."

Melati und Bel arbeiten weiter für die Umweltbewegung und wollen damit junge Menschen auf der ganzen Welt inspirieren. „Anfangs haben wir nicht geahnt, dass wir Identifikationsfiguren sein könnten. Dann ist uns das klar geworden, und es hat uns zum Nachdenken gebracht. Wir haben begriffen, dass auch wir Jugendlichen die Power haben, eine Führungsrolle zu übernehmen, ganz egal wie jung wir sind", hat Melati gesagt.

Genauso wichtig ist es aber zu erwähnen, dass die Schwestern sich auch mal freinehmen. Nach einem langen Schul- und Arbeitstag packen sie manchmal einen Korb mit Essen und Getränken und gehen hinunter an den Strand hinter ihrem Elternhaus. Dort sitzen sie dann, sehen sich zusammen mit ihren Eltern den Sonnenuntergang an und erinnern einander wieder daran, warum sie diesen Kampf führen – damit die Insel der Götter auch noch für künftige Generationen da sein wird. ◆

TRANSGENDER-AKTIVISTIN

COY MATHIS

GEBOREN 2007 • USA

COY stammt aus dem US-Bundesstaat Colorado. Als sie sechs Jahre alt war, ging sie gerade in die erste Klasse und liebte Justin Bieber. Sie besaß sogar eine Zahnbürste mit dem Bild des Sängers. Sie liebte rosa Kleider und Glitzerschals. In ihrer Freizeit spielte sie mit ihren vier Geschwistern in ihrem Elternhaus am Fuß der Berge. Und dort rief eines Tages der Schuldirektor an. Der wollte, dass Coy nicht mehr auf dieselbe Schultoilette ging wie ihre Klassenkameradinnen. Obwohl Coy selbst genau wusste, dass sie ein Mädchen war, spielte das für den Direktor keine Rolle: Denn Coy war als Junge mit Penis zur Welt gekommen. Mit dem einen Geschlecht geboren zu werden, sich aber zum anderen Geschlecht zugehörig zu fühlen, nennt man Transsexualität oder Transidentität. Der Beschluss des Direktors machte sowohl Coy als auch ihre Eltern traurig und wütend, doch statt einfach klein beizugeben, zogen sie in den Kampf für Coys Recht und das Recht anderer Transsexueller bzw. Transgender, selbst wählen zu dürfen, auf welche Toilette sie gehen wollten.

KLEINES MÄDCHEN

Coy war also genau wie alle anderen, als sie 2007 geboren wurde, und doch komplett anders. Zwilling zu sein ist heutzutage ziemlich normal, aber Drillinge kommen in den USA bei 1000 Geburten nur ein Mal vor. Coy lag zusammen mit einem Bruder und einer Schwester im Bauch der Mutter. Die Schwester hatte schon im Säuglingsalter eine Entwicklungsstörung namens CP. Die Drillinge hatten außerdem eine große Schwester und bekamen noch eine jüngere. Dass eine

Familie so viele Kinder hat, ist nicht alltäglich. Doch auch Coy unterschied sich ja von den meisten, wie sich schon früh abzeichnete, weil sie sich nicht als der Junge fühlte, als der sie zur Welt gekommen war.

Coy war noch keine zwei Jahre alt, als sie sich weigerte, „Jungssachen" anzuziehen. Jedes Mal, wenn ihre Eltern ein Foto von ihr in Hemd und Hose machten, sah sie darauf wütend aus. Auf Bildern in Kleid und mit Krönchen lächelte sie glücklich. Coy mochte es auch nicht, zu Hause unbekleidet herumzulaufen, obwohl ihre Geschwister oft ganz selbstverständlich splitterfasernackt herumsprangen.

Einmal weigerte sich Coy zu essen, wenn sie nicht einen rosa Teller und eine rosa Gabel dazu bekäme. Wann immer sie Spielzeugautos und kleine Action-Figuren zu Weihnachten bekam, schenkte sie sie ihrem Bruder. Einmal schnitten die Eltern ihr die Haare versehentlich sehr kurz, und Coy war verzweifelt. Sie fand, sie sah im Spiegel aus wie ein Junge. Als Coy alt genug war, um reden zu können, fragte sie ihre Mama Kathryn, warum die von ihr die ganze Zeit als „er" sprach – sie war doch ein Mädchen!

Coys Mama Kathryn und Papa Jeremy wussten damals noch nicht viel über Transgender. Kathryn jobbte nebenher als Studiofotografin, und Coys Papa war bei der US-Marine gewesen. Bei der Marine gab es fast nur Männer, und viele von ihnen entsprachen gern einem ganz bestimmten Männerbild: Sie wollten mutig sein, stark, unerschütterlich und keine Gefühle zeigen. Vor allem hätten sie nie rosa Kleidchen getragen. Anfangs bestand Jeremy daher auch noch darauf, dass Coy Jungskleidung anzog, zum Beispiel Jeans und Baseballkappe – aber doch keinen Rock! –, wenn sie draußen spielen ging. Doch irgendwann sah er ein, dass er ihr das nicht vorschreiben konnte. „Es war eben, wie es war", sagt er in dem Dokumentarfilm *Growing Up Coy* über die Familie Mathis.

Für die meisten Eltern ist das Wichtigste, dass es ihren Kindern gut geht und dass sie glücklich sind. Mama Kathryn und Papa Jeremy ließen also Coy entscheiden, was sie anziehen wollte. Sie durfte mit den Spielsachen spielen, die ihr am besten gefielen, und ihr Zimmer nach ihrem Geschmack gestalten. Dass sie es rosa einrichten wollte, überraschte niemanden mehr. Sie liebte Puppen im Allgemeinen und ganz besonders Prinzessinnen.

Im Kleid oder Rock auch in die Vorschule zu gehen, war nicht ganz so einfach für Coy. Zu Hause hatten sich inzwischen alle daran gewöhnt, doch die Eltern machten sich Sorgen, was andere sagen könnten, die Coy noch nicht kannten. In der Stadt, in der Familie Mathis wohnte, fanden die Leute, dass zwar ein biologisches Mädchen Mädchenkleider anziehen und lange Haare haben sollte, aber ein biologischer Junge schlicht und einfach lange Hosen trug und kurze Haare hatte. Coys Mama dachte darüber nach, ob sich Coy vielleicht in Jungen verlieben würde, wenn sie größer wäre. Für viele in der Nachbarschaft war Homosexualität – dass jemand sich in einen anderen Menschen desselben Geschlechts verliebt – eine erschreckende Vorstellung. Doch am Ende blieb Coy lieber einfach zu Hause, als mit anderen Kindern zu spielen; irgendwann wollte sie überhaupt nicht mehr spielen.

Eines Abends, als Mama Kathryn Coy eine Gutenachtgeschichte vorlas, fing Coy an zu weinen. Mama Kathryn legte sofort das Buch zur Seite und fragte besorgt, was denn los war. Coy wollte erst nicht erzählen, was sie so traurig machte, doch schließlich fragte sie, wann sie endlich eine Scheide bekommen würde. Sie sagte, sie würde dafür auch zum Arzt gehen und sich den Penis wegoperieren lassen, um endlich ein richtiges Mädchen zu sein. Kathryn horchte auf. Mit einem Schlag war ihr klar, dass ihr Sohn tatsächlich eine Tochter war und dass sie jetzt wohl einen langen Kampf vor sich hätten, damit Coy das Leben bekäme, das sie wollte. Diesen Kampf würden sie um Coys willen ausfechten.

Weil Coy noch so klein war, musste sie erst einmal zum Psychologen gehen, der ihr eine Menge Fragen stellte, um herauszufinden, ob Coy wirklich ein Mädchen war oder ob sie einfach nur Mädchenkleider und -spielsachen mochte. Der Psychologe fragte zum Beispiel: „Wann hast du dich zum ersten Mal wie ein Mädchen gefühlt?" Und: „Wie fühlt es sich für dich an, wenn Leute dich einen Jungen nennen?" Coy antwortete, dass sie sich in ihrem Körper falsch vorkomme und wie ein Mädchen behandelt werden wolle. Sie berichtete auch, dass sie wütend und traurig geworden war, wann immer die Erzieherinnen in der Vorschule „er" zu ihr gesagt und sie in die Schlange mit den Jungs gestellt hatten. Der Psychologe war sich mit Coy einig, dass sie im Innern wirklich ein Mädchen war.

Endlich durfte Coy diejenige sein, die sie sein wollte – und sie war auch wieder viel fröhlicher und lachte mehr. Eines Tages war sie gerade mit ihrem Papa beim Einkaufen. Sie hatte sich zwei Zöpfchen gezwirbelt, die fröhlich wippten, wenn sie durch die Supermarktgänge hüpfte. Eine alte Frau sah Coy aufmerksam nach. Papa Jeremy hatte schon Angst, dass sie gleich etwas Gemeines sagen könnte, aber stattdessen drehte sie sich um und sagte zu Jeremy: „Sie haben aber ein süßes kleines Mädchen!"

Jeremy atmete erleichtert aus. Vielleicht überlegte er auch, ob die alte Frau genauso nett gewesen wäre, wenn sie gewusst hätte, dass Coy als Junge geboren worden war. Am besten wäre doch, wenn alle einfach für ihre Persönlichkeit wertgeschätzt würden.

SCHULKLO-REGEL

Als Coy sechs war, war es endlich so weit: Sie und ihr Drillingsbruder kamen in die Grundschule. Anfangs waren die Lehrer noch verständnisvoll und sagten, dass sie anziehen dürfe, was immer sie wolle, und auch das Mädchenklo benutzen könne. Doch eines Tages überlegten sie es sich anders, ohne dass sie es überzeugend erklären konnten.

Stattdessen musste Coy ab sofort das Jungsklo benutzen, die Lehrertoilette oder die Toilette bei der Schulkrankenschwester. Die lag aber in einem ganz anderen Teil der Schule, und dorthin und wieder zurück zu kommen, würde sie während der Pause kaum schaffen.

Coy wurde aufgrund ihrer geschlechtlichen Identität diskriminiert. So etwas ist in Colorado verboten. Coys Eltern versuchten, mit dem Direktor zu sprechen und ihm zu erklären, warum es verkehrt war, Coy – die ein Mädchen war – auf die Jungstoilette zu schicken. Am Ende antwortete der Direktor: „Sie verstehen hoffentlich, dass zumindest ein Teil der Elternschaft und auch der Schüler es unbehaglich fänden, wenn er die Mädchentoilette benutzt, sobald er älter wird und sich sein Geschlechtsorgan im selben Maße wie der Rest seines Körpers entwickelt.“

Mama Kathryn war so wütend, dass sie aus der Besprechung stürmte.

Die ganze Familie fand, dies war das Dümmste, was sie je gehört hatten. Der Direktor hatte bewiesen, dass er von Transsexualität keine Ahnung hatte. Coy war kein Er. Coy war eine Sie. Warum sollte sie also als einziges Mädchen auf die Jungstoilette gehen, als wäre mit ihr irgendetwas verkehrt oder sogar gefährlich? Außerdem zeigte doch ohnehin niemand, der nur ein bisschen Verstand im Kopf hatte, ungebeten sein Geschlechtsteil vor anderen her!

Um Hänseleien und Mobbing zu vermeiden, beschlossen Jeremy und Kathryn, dass Coy und ihre Geschwister nicht mehr auf diese Schule gehen sollten. Stattdessen wurden sie zu Hause unterrichtet. In der Zwischenzeit kämpften die Eltern weiter für die Rechte ihrer Tochter.

Coys Mama sagt in der Doku: „Wir fanden, dass die Schule den Schülern hätte beibringen müssen, dass es in Ordnung ist, anders zu sein, dass wir auf das, was uns ausmacht, stolz sein und jeden so akzeptieren sollten, wie er nun mal ist. Stattdessen haben sie Coy als andersartig gebrandmarkt und gezeigt, dass sie deshalb anders behandelt werden sollte.“

Coys Eltern wandten sich an eine Organisation, die diskriminierte Transgender unterstützt. Sie beschlossen, für Coys Recht und das anderer diskriminierter Transgender zu kämpfen, dass sie selbst entscheiden konnten, welche Toilette sie benutzen wollten. „Coy hat den gleichen Respekt, die gleiche Wertschätzung und die gleichen Möglichkeiten wie andere Schüler verdient“, sagte der Rechtsanwalt.

FÜR EIN RECHT KÄMPFEN

Im Nu berichteten Medien auf der ganzen Welt über Coy. Fernseh-, Radio- und Zeitungsreporter besuchten die Familie und stellten eine Menge Fragen. Coy kam ins Fernsehen und erzählte Millionen Menschen aus ihrem Leben. Der ganze Trubel gefiel ihr nicht; wenn Journalisten sie interviewen wollten, hatte sie manchmal gar keine Lust und spielte stattdessen lieber mit ihren Spielsachen. Am Ende sagte sie dann aber doch immer, dass sie lieber wieder zur Schule gehen würde, sofern sie dort die Mädchentoilette benutzen dürfte und endlich mit „sie“ bezeichnet würde.

Die Familie wurde auch Zielscheibe für Hass und Bedrohungen. Viele, die von Transsexualität nichts verstanden, warfen Coys Eltern vor, sie hätten Coy

dazu gezwungen, Mädchen zu spielen. Andere glaubten, dass Transsexualität mit Geschlechtsverkehr zu tun hätte. Mit Engelsgeduld leistete Mama Kathryn Aufklärungsarbeit: „Wir stecken alle in unterschiedlichen Körpern, und es gibt nun mal Mädchen mit Penis und Jungen mit Scheide." Trotz all der fiesen und unwissenden Menschen wollte die Familie nicht aufgeben.

Es verging eine anstrengende Zeit, in der Coy und ihre Eltern darauf warten mussten, dass ein Gericht entschied, ob nun Coy oder die Schule im Recht war. Unterdessen zog die Familie in eine andere, größere Stadt, wo die Menschen weniger Probleme damit hatten, wenn Kinder oder Erwachsene anders waren oder anders aussahen als der Rest.

Am Ende versammelte sich an einem wolkenverhangenen Tag die Familie bei Gericht, um das Urteil anzuhören. Sie waren überglücklich und erleichtert: Coy hatte gewonnen! Der Richter entschied, dass die Schule falschgelegen hatte, als sie Coy verbot, aufs Mädchenklo zu gehen. Damit hatte die Schule nämlich behauptet, Coy würde dort nicht hingehören, und Coy hätte ihrer Identität zuwiderhandeln müssen. Der Richter verglich die Regeln, denen sich Coy hatte unterwerfen müssen, mit den einstigen Segregationsgesetzen der USA, die beispielsweise besagten, dass Schwarze und Weiße nicht dieselben Toiletten benutzen durften. (Mehr über die Segregation erfährst du im Kapitel über Gloria Ray Karlmark, ab Seite 45.)

Coys Gerichtsprozess war auch ein wichtiger Sieg für andere Transgender in den ganzen USA. Barack Obama, der damals gerade Präsident war, bestimmte nach dem Urteil, dass sämtliche Trans-Schülerinnen und -Schüler ab sofort per Gesetz das Recht hatten, die Toilette zu benutzen, die ihrem Geschlecht nach ihrer Auffassung entsprach. Leider fanden dieses Gesetz nicht alle US-Bundesstaaten gut. Als ein paar Jahre später Donald Trump US-Präsident wurde, durften mehrere Bundesstaaten die Entscheidung rückgängig machen. Bis zum heutigen Tag werden Transgender auf der ganzen Welt von anderen diskriminiert, die glauben, sie wüssten besser, wie die Menschen zu leben hätten.

Coy konnte indessen wieder zu ihrem normalen Leben zurückkehren. Sie fing an einer neuen Schule an und durfte dort aufs Mädchenklo gehen. Sie fand eine Menge neuer Freunde, für die es das Wichtigste war, dass man mit Coy lustig spielen konnte, und nicht, mit welchem biologischen Geschlecht sie auf die Welt gekommen war. Vor allem durfte sie endlich diejenige sein, die sie sein wollte, und das war für die anderen völlig okay.

Nicht alle Kinder, die in der Entwicklungsphase transgender sind, bleiben dies auch für den Rest ihres Lebens. Andere beschließen, sobald sie erwachsen sind, ihr Geschlecht durch Operationen angleichen zu lassen. Eine Lehre aus der Geschichte von Familie Mathis kann man aber in jedem Fall ziehen: Es geht jedem Menschen besser, wenn er so wahrgenommen und unterstützt wird, wie er selbst ist, und nicht so, wie andere ihn sehen wollen.

Seit Coy und ihre Familie bei Gericht Recht bekommen haben, haben sie sich wieder aus der Öffentlichkeit zurückgezogen. Coy sagte mal erleichtert, dass sie einfach nicht mehr ständig erklären wolle, wer sie sei. Stattdessen will sie aufwachsen, Entscheidungen für ihre Zukunft treffen – und einfach sie selbst sein. ◆

LIAM'S LUNCHES OF LOVE
BE POSITIV
Be amazing!
Be Amazing!
YOU ARE LOVED YOU ARE LOVED
LUNCH

GRÜNDER EINER HILFSORGANISATION

LIAM HANNON

GEBOREN 2006 • USA

WAS LIAM HANNON gemacht hat, könnte man folgendermaßen beschreiben:

Ein zehnjähriger Junge langweilte sich in den Sommerferien, und mehrere Hundert Obdachlose bekamen etwas zu essen.

Oder auch:

Wer seinen Mitmenschen etwas Gutes tut, verbessert die Welt.

Oder:

Anderen zu helfen macht auch für den Helfer selbst das Leben schöner.

SOMMERFERIEN-CHALLENGE

Liam Hannon wohnte in der Stadt Cambridge im US-Bundesstaat Massachusetts. Er war ein schüchterner Junge, der sich lieber allein beschäftigte, als neue Freundschaften zu schließen. Die Sommerferien hatten begonnen, und sein Papa Scott machte sich Gedanken, weil der zehnjährige Liam nichts zu tun hatte. „Wie wär's mit einem Ferienlager?", fragte er.

„Nein", antwortete Liam. Nie im Leben würde er für mehrere Wochen wegfahren, in einem fremden Bett und mit fremden Kindern in einem Zimmer schlafen! Allerdings war Liam klar, dass er sich eine Beschäftigung suchen musste, um seinen Papa zu beruhigen. Eltern mögen es eben nicht, wenn ihre Kinder in den Ferien untätig sind, während sie selbst zur Arbeit gehen müssen.

Liam hatte von Brain Chase gehört, einer Art Schnitzeljagd im Internet, bei der es darum ging, Sachen zu lernen und sich ständig neuen Herausforderungen – „Challenges" – zu stellen. Er loggte sich auf der Homepage ein und klickte

drei Kästchen an, die er spannend fand: 10-Finger-Tippen, Mathematik und Nachbarschaftshilfe.

Auch Papa Scott war ein Helfertyp. Eigentlich war er Handwerker, aber einmal war er den ganzen Weg bis Standing Rock im Bundesstaat North Dakota gefahren, um an der Seite der dortigen indigenen Menschen gegen eine Öl-Pipeline zu demonstrieren, die quer durch ihr Territorium führen sollte. Die Proteste hatten damals nichts genützt; die Pipeline war dennoch gebaut worden. Trotzdem half Scott auch weiter anderen, zum Beispiel indem er für alte Menschen in der Nachbarschaft kostenlos arbeitete. Einmal fragte Liam seinen Papa, warum er sich von einer alten Dame nicht hatte bezahlen lassen. Scott antwortete: „Sie ist 90 Jahre alt und lebt allein. Sie hat niemanden sonst, der ihr helfen könnte. Die 80 Dollar (etwa 70 Euro), die ich von ihr hätte bekommen müssen, sind für mich nicht die Welt, aber für sie ist das richtig viel Geld."

Liam half normalerweise Tieren. Einmal hatte er beim Angeln entsetzt mit angesehen, wie sein Papa einen Eimer mit lebenden Fischchen ins Boot gestellt hatte und eines davon als Köder an den Haken legte. Liam nahm ihm den Eimer weg, presste ihn sich an die Brust und flüsterte den Fischen zu: „Habt keine Angst, es ist alles in Ordnung. Ich spreche mit ihm." Liam überredete Scott, die Fische zurück ins Wasser zu entlassen – sogar den, der schon am Haken gehangen hatte, damit er wieder mit seinen Kumpels zusammen sein konnte.

Zu Hause in Cambridge hatte er die Sommerferien mit der „Schnitzeljagd" verplant, und Papa Scott war beruhigt. In der ersten Woche erhielt Liam die Aufgabe, etwas für Obdachlose zu tun.

Liam wusste nur zu gut, dass es Menschen gab, die aus unterschiedlichen Gründen auf der Straße lebten. Direkt vor seiner Haustür lag ein großer Park namens Central Square, in dem viele der mehreren Hundert Obdachlosen der Stadt zusammenkamen. Als Liam noch kleiner war, hatte er nie verstanden, warum diese Leute kein Zuhause hatten. Er wurde wütend und zeigte auf all die großen Häuser, die rund um den Park aufragten. Dort waren doch überall Wohnungen! „Warum können die Obdachlosen dort nicht einziehen?“, fragte er seinen Papa.

Obdachlosigkeit kann viele Ursachen haben. Sie kann die Folge einer Suchterkrankung oder einer psychischen Erkrankung sein. Manchmal kann sich auch jemand einfach die Miete für seine Wohnung nicht mehr leisten.

Viele Jahre zuvor hatte Scott als alleinerziehender Vater selbst Geldsorgen gehabt und nicht gewusst, wo er und Liam unterkommen sollten. In der Stadt Cambridge liegen einige der besten Universitäten der USA. Am bekanntesten ist Harvard. Viele Einwohner von Cambridge sind ziemlich reich, und Wohnungen sind sehr, sehr teuer. Scott hätte sich eine normale Wohnung nicht leisten können, aber er hatte Glück und fand eine spezielle Wohnung, für die er einkommensabhängig Miete zahlte. Das heißt, wer wenig verdiente, bezahlte auch wenig Miete!

Als Scott von der Arbeit nach Hause kam, erzählte Liam ihm von seiner Wochenaufgabe und fragte, ob sie zusammen überlegen könnten, was genau er tun sollte. Im vergangenen Schuljahr hatte Liam von einigen Kindern gehört, die die Welt bewegt und verändert hatten, und das wollte Liam auch.

„Vielleicht könnte ich ihnen etwas zu essen bringen“, schlug Liam vor.

Scott war sofort Feuer und Flamme und fing an, von einem Imbisswagen zu träumen, einem sogenannten Foodtruck, mit dem man im großen Stil Essen an die Obdachlosen ausliefern könnte.

„Warum bringen wir denen im Park nicht erst mal ein Mittagessen?“, erwiderte Liam.

Papa Scott stutzte.

Was Liam da sagte, war wichtig: Lieber fing man klein an, als sich etwas vorzunehmen, was man dann nicht schaffte.

Mutter Teresa, eine berühmte Nonne, die für ihren Einsatz für arme und ausgestoßene Menschen in Indien den Friedensnobelpreis bekam, sagte einmal: „Wenn du nicht hundert Menschen zu essen geben kannst, dann gib nur einem zu essen.“

LUNCHPAKETE

Tags darauf packte Liam 20 Lunchpakete mit je einem Getränk und einem Brot. Weil es am einfachsten war, entschied er sich als Brotbelag für Erdnussbutter und Fruchtgelee – außerdem fand Liam das selbst echt lecker. Auf Englisch heißt so ein Brot *peanut butter and jelly sandwich* und wird mit PB&J abgekürzt. Die Sandwiches kamen einzeln in Butterbrottüten, auf die Liam ein kleines Bild malte und einen

Spruch dazuschrieb, etwa: „Einen schönen Tag!“ oder: „Sei wunderbar!“ Mithilfe seines Vaters organisierte er eine alte grüne Schubkarre, um die Lunchpakete in den Park zu bringen.

Die Tüten sahen hübsch aus, und die Sandwiches waren lecker, das wusste er. Trotzdem war er nervös, als er auf die Obdachlosen zugehen sollte; was, wenn sie feindselig reagierten? „Ich wusste auch nicht, was sie dazu sagen würden, dass ich dort einfach Essen verteilte“, erzählte er. Aber er hätte sich keine Gedanken machen müssen. Er erlebte stattdessen, wie wenig seine Vorurteile über Obdachlose mit der Wirklichkeit zu tun hatten. Obdachlose sind genau wie alle anderen auch: Sie waren allesamt froh, so ein leckeres Sandwich zu kriegen, und freuten sich, dass jemand ihnen auf so nette Weise Beachtung schenkte. Die meisten wollten überhaupt nicht mehr aufhören zu reden, und die Gespräche erwiesen sich als mindestens ebenso wichtig wie die Lunchpakete selbst. Besonders gut kann sich Liam an James erinnern. Er saß im Rollstuhl und brachte Liam einen ganz speziellen Gruß bei (mehr erfährst du im Anhang bei den Quellen und Lesetipps), den sie bis heute benutzen, wenn sie sich treffen.

Die Challenge für die digitale Schnitzeljagd hatte Liam nun zwar geschafft; trotzdem wollte er mit den Lunchpaketen nicht aufhören. In der darauffolgenden Woche packte er 50 Pakete, in der nächsten Woche 60. Er und Papa Scott dachten sich auch einen Namen dafür aus: *Liam's Lunches of Love*, was in etwa so viel heißt wie „Liams Lunchpakete der Liebe“. Ein paar seiner Freunde schlossen sich an. Ab sofort war immer sonntags die Küche voller Kinder. Sie schmierten Brote und malten auf die Tüten Bilder, die von Mal zu Mal fantasievoller wurden. „Ich finde dich nett“, schrieb ein Kind auf seine Tüte, und ein anderes: „Hier ein Tyrannosaurus, weil ich dich mag!“ Daneben malte es einen Dinosaurier. Die Tüten waren fast so beliebt wie der Inhalt. „Sie sind ein wichtiger Teil des Lunchpakets. Da geht es nicht nur ums Essen. Es gibt Leute, die ihre Tüten aufheben und sie zusammenheften, so viel bedeuten ihnen die Zeichnungen und die Botschaften der Kinder“, hat Liam mal erzählt.

VIELE HELFEN MIT

Jeden Sonntag zogen die Kinder mit ihren Lunchpaketen zum Central Square, verteilten die Tüten und unterhielten sich mit den Leuten. Nach einer Weile nahmen sie sogar Wünsche für einen anderen Sandwich-Belag in der nächsten Woche auf: Käse zum Beispiel oder auch mal einen Apfel. Jemand fragte, ob er Futter für seine Katze bekommen könne, und das bekam er dann. Geschäfte in der Nachbarschaft spendeten Nahrungsmittel, sodass Liam Obst und etwas Süßes mit in die Tüten packen konnte. Doch bald dämmerte ihm, dass es mit Sandwiches nicht getan wäre; er wollte auch warme Mahlzeiten anbieten. Mit Nudel-Käse-Auflauf, anderen Nudelgerichten und Suppen fing er an. Die Mahlzeiten zuzubereiten wurde immer teurer für Liam – trotz der Spenden. Aber die Zutaten kosteten inzwischen rund 200 Dollar in der Woche, außerdem musste er sich einen neuen Wagen anschaffen. Er brauchte also Geld.

Zu diesem Zeitpunkt hatten Liam und seine Nächstenliebe-Lunchpakete sowohl im Rathaus als auch in den Medien Aufmerksamkeit erregt. Liam und sein Papa hatten das Gefühl, dass viele ihnen gern helfen wollten. Sie beschlossen, im Internet einen Spendenaufruf zu machen, um mehr Geld zu sammeln und weiterhin Lunches verschenken zu können. An einem einzigen Tag kamen auf diese Weise 17 000 Dollar zusammen! Liam wollte seinen Augen nicht trauen, als sein Papa ihm die Summe auf der Webseite zeigte.

„Das ist doch nicht wahr!“ Er schlug die Hände vors Gesicht.

„Doch“, sagte sein Papa, „es ist wahr.“

Diese Summe würde für Tausende Lunchpakete ausreichen – und für einen neuen Wagen!

Die Nachricht vom Jungen, der Obdachlosen Essen brachte, breitete sich weit über die Stadtgrenzen von Cambridge aus. Liam erhielt für seinen Einsatz den *Luminary Award* („Leuchtturm-Preis“), eine Auszeichnung für Menschen, die sich für die Gemeinschaft engagieren. Bei einer Gala kürte ihn der Fernsehsender CNN zu einem der „Kinderhelden“. „Liam hat an seinem Anliegen festgehalten. Er hat nie gesagt: ‚Das mach ich jetzt eine Zeit lang‘ oder: ‚Oh, das ist anstrengend,

ich will nicht jeden Tag fünf Kilometer durch den Regen laufen'", betonte der Bürgermeister, der ihm den Preis überreichte, in seiner Lobrede.

Liam fühlte sich im Rampenlicht nicht wohl. Doch er biss die Zähne zusammen – für die Obdachlosen. Bald wusste in den USA jeder, wer er war. Ein Reporter fragte Liam, ob seine Klassenkameraden mithalfen, und Liam antwortete: „Teils schon, aber die meisten wissen gar nicht, was ich mache. Ich rede nicht viel darüber."

Der Vorteil an all der Aufmerksamkeit war, dass immer mehr Spenden hereinströmten, sodass Liam weiteren Leuten helfen konnte. In den neuen Wagen – blau und mit Solarzellen – passte viel mehr hinein als in die alte Schubkarre. Es war Platz für alles Mögliche, was Obdachlose gebrauchen können: Decken zum Beispiel, Strümpfe oder Damenbinden für die Frauen. Man kann das warme Essen direkt aus dem Wagen ausgeben, und im rückwärtigen Teil gibt es Behälter mit Kaffee und Tee. Im Winter kann es in Cambridge unter null Grad werden, und warme Getränke wärmen diejenigen, die draußen leben müssen, zumindest von innen.

Liams Papa Scott erinnert sich noch an einen Sonntag, als der Bürgermeister an ihrem Essenswagen vorbeikam, um Hallo zu sagen. Er, Liam und ein paar Obdachlose standen miteinander im Park und redeten über Gott und die Welt. Von außen konnte man nicht erkennen, wer von ihnen der Bürgermeister und wer die Obdachlosen waren. Alle waren einfach nur Menschen. Sich zum Essen oder auf einen Becher Kaffee zu treffen, kann eben auch eine gute Möglichkeit sein, um mehr Verständnis für sein Gegenüber zu entwickeln: „Es gibt Leute, die Obdachlose behandeln, als wären sie keine Menschen. Aber das sind sie. Niemand sollte von Obdachlosigkeit betroffen sein", betont Liam immer wieder.

Das Beste am neuen Wagen war aber, dass er einen kleinen Motor hatte und sich viel leichter bewegen ließ als die alte Schubkarre, fand Liam.

NEUE HERAUSFORDERUNGEN UND ZIELE

Liams Nächstenliebe-Lunchpakete sind letztlich zu etwas viel Größerem geworden als bloß zu einer Sommerferien-Challenge. Nach und nach veränderte sich Liams Arbeit. Heutzutage schmiert er nicht mehr nur Brote und verteilt sie. Er arbeitet mit ehrenamtlichen Helfern zusammen – das sind Leute, die für ihr Engagement kein Gehalt bekommen – und spornt auch weiterhin seine Kumpels an, mit anzupacken. Liam hat lernen müssen, dass jemand, der Wohltätigkeitsarbeit macht, nicht nur gut darin sein muss, Brote zu schmieren, sondern auch darin, Spenden zu sammeln. Und weil er nun mal jetzt das Gesicht seiner eigenen kleinen Organisation ist, muss er sich dafür auch auf Bühnen stellen und Reden halten. Oft erzählt er dann von seinen Erfahrungen, auch wenn es für ihn manchmal immer noch unangenehm ist, im Mittelpunkt zu stehen. Liams bester Tipp ist bis heute, „klein anzufangen, die Hilfe von Freunden zu akzeptieren und etwas zu machen, wofür man brennt". Das kann ein Mittagessen für Obdachlose sein oder auch eines für einen Freund, der gerade eine schwere Zeit durchmacht. In drei Jahren hat Liams Organisation mehr als 50 000 Dollar gesammelt und viele Tausend Essen gekocht. Was aber am allerwichtigsten ist, sagt Liam: dass man dort auf der Straße Menschen trifft und sie richtig gut kennenlernt.

Liam denkt mittlerweile noch weiter und überlegt sich andere Arten zu helfen: Er hat seine eigene digitale Challenge entwickelt, damit noch mehr Leute anderen ein Mittagessen spendieren. Das müssen nicht unbedingt Obdachlose sein – sondern wer eben gerade eine Mahlzeit benötigt. Jeder, der jemand anderen eingeladen hat, darf sich auf Liams Facebook-Seite melden und die Challenge seinerseits weitergeben. Insgesamt sollen so eine Million Mittagessen zusammenkommen. Liam hat außerdem angefangen, alte Legosteine zu sammeln und sie Kindern zu schenken, die es sich nicht leisten können, selbst Lego zu kaufen.

Das nächste Ziel ist ein noch größerer Wagen. Inzwischen träumt auch Liam von einem Foodtruck, genau wie sein Papa an jenem ersten Abend, als sie gemeinsam überlegt hatten, wie Liam seine Aufgabe für die Challenge lösen könnte. Mit so einem größeren Imbisswagen könnten sie nicht nur weiter Essen an all diejenigen ausgeben, die es dringend brauchen – sondern zusätzlich gute, nahrhafte Mahlzeiten an Leute verkaufen, die Arbeit haben und für ein Essen bezahlen können. Mit dem Überschuss aus dem Verkauf könnte Liam umso mehr Essen für Obdachlose finanzieren. „Ich habe gelernt, dass jedem etwas Schlimmes zustoßen, dass aber auch geholfen werden kann."

Liam ist für sein Engagement wahnsinnig gelobt worden; er selbst sieht sich aber nicht als Held. Trotzdem glaubt er, dass wir alle auf unterschiedliche Art und Weise Helden sein können. Ein guter Anfang ist immer, wenn man andere Menschen so behandelt, wie man selbst behandelt werden will. „Alle Menschen können nett zueinander sein, wenn sie über Dinge wie Armut, Hautfarbe, Geschlecht, sexuelle Orientierung oder Religion hinwegsehen. Mitfühlend zu sein, statt auszugrenzen, ist ein guter Weg, um den Hass in der Welt zu beenden." ◆

SAVE THE
PLANET
SKOLSTREJK
FÖR
KLIMATET

KLIMAAKTIVISTIN

GRETA THUNBERG

GEBOREN 2003 • SCHWEDEN

Ich will mich sicher fühlen.
Wenn ich abends allein nach Hause gehe.
Wenn ich in der U-Bahn sitze.
Wenn ich nachts schlafe.
Aber ich fühle mich nicht sicher.
Und wie sollte ich mich auch sicher fühlen, wenn ich doch weiß, dass wir mitten in der größten Krise der Menschheitsgeschichte stecken? Wenn ich doch weiß, dass wir jetzt handeln müssen, weil es sonst zu spät ist?

GRETA THUNBERG IM SVENSKA DAGBLADET, 30. MAI 2018

VERÄNDERUNG kann damit beginnen, dass eine Einzelperson Stellung bezieht. Die Idee eines Kindes kann eine Revolution lostreten, indem sie zur Leitidee einer weltweiten Jugendbewegung wird. Eine wichtige Frage kann in den Fokus rücken, indem ein einzelnes Mädchen glaubt, es müsse selbst aktiv werden, weil diejenigen an der Macht nichts unternehmen – und indem es für das Klima in einen Schulstreik tritt.

Erstmals streikte Greta Thunberg am 20. August 2018 vor dem Reichstagsgebäude in Stockholm. Die Leute, die vorbeigingen, sahen ein Mädchen allein dort sitzen – mit Zöpfen, in einer rosa Jacke und mit einem lila Rucksack –, das ein selbst gemaltes Schild vor sich hielt, auf dem stand: „Schulstreik fürs Klima".

Es war drei Wochen vor den schwedischen Wahlen; Greta hatte beschlossen, auf die Schule zu pfeifen und sich bis zum Wahltag am 9. September täglich vor den Reichstag zu setzen. Am ersten Tag twitterte sie zwei Selfies mit ihrem Schild und mit Flugblättern, auf denen stand: „Wir Kinder tun ja oft nicht das, was ihr von uns wollt. Da sind wir wie ihr. Und weil euch Erwachsenen meine Zukunft egal ist, ist sie es mir eben auch."

Allerdings hatte sie ihre Schulbücher dabei, um im Lernstoff nicht zurückzufallen.

WAS GRETA IN DER SCHULE LERNTE

Als Greta erstmals von den weltweiten Gefahren durch Umweltzerstörung und den Klimawandel erfuhr, war sie acht Jahre alt und ging in die Grundschule. Die Klasse sah sich einen Film über die riesigen Plastikmüllwellen in den Weltmeeren an.

Greta hatte außerdem schon gehört, dass der Ausstoß von Kohlendioxid zur Erderwärmung führt.

Die globale Erderwärmung wiederum führt dazu, dass das Eis am Nordpol und am Südpol in Rekordzeit schmilzt.

Veränderungen des Klimas wirken sich auf die Landwirtschaft aus und somit auf die Versorgung der Menschen mit Lebensmitteln. Es kommt zum Streit um das Land, auf dem man noch Lebensmittel anbauen kann. Abermillionen Menschen werden gezwungen, woandershin zu flüchten.

Forscher und Wissenschaftler sind sich einig, dass wir auf eine Klimakatastrophe zusteuern, wenn wir nicht schleunigst handeln.

So klang es damals.

So klingt es bis heute. Nur noch schlimmer.

Greta konnte es nicht fassen. Wenn es wirklich so war, mussten die Leute doch nur noch von den Bedrohungen für die Erde reden. Aber niemand sagte etwas.

Stattdessen zeigten ihre Mitschüler stolz ihre brandneuen Handys herum; eine Lehrerin erzählte, dass sie zu einer Hochzeit in die USA fliegen wollte, ohne auch nur darüber nachzudenken, wie viele Tonnen Kohlendioxid so ein Flugzeug ausstößt. In der Schulkantine gab es Fleisch, als spielte es gar keine Rolle, dass die Zukunft der Erde davon abhing, dass der Mensch sich besser nur noch von pflanzlicher Kost ernährte.

Greta fand es ungeheuerlich, dass die Leute den Ernst der Lage nicht erkannten. Sie hatten die Fakten doch direkt vor Augen – und trotzdem scherte sich niemand darum. Ohne die Aussicht auf eine Zukunft fühlte sich das Leben allmählich hoffnungslos an. Als Greta in die fünfte Klasse kam, ging es ihr richtig schlecht. Sie weinte nur noch, und der Einzige, der sie trösten konnte, war Moses, ihr Golden Retriever.

Greta sagt selbst, dass sie die Welt auf eine spezielle Weise betrachtet, weil sie eine Entwicklungsstörung hat: das Asperger-Syndrom. Da sieht man die Welt überwiegend in Schwarz und Weiß statt in Grautönen. In Gretas Fall bedeutet das auch, dass sie eine superschnelle Auffassungsgabe hat – zumindest bei Themen, die sie interessieren. Sie wusste schon früh sämtliche Hauptstädte der Welt und konnte das komplette Periodensystem auswendig aufsagen. Vor allem aber ertrug sie es nicht, über Banalitäten zu reden, wenn doch die Erde drauf und dran war unterzugehen.

Mit einer Entwicklungsstörung oder Krankheit zu leben heißt oft, mit der Unwissenheit der anderen konfrontiert zu sein. Sowohl Freunde als auch Lehrer können einen manchmal nicht richtig verstehen. Und weil Greta anders war als ihre Schulfreunde, wurde sie gemobbt und ausgegrenzt, auf dem Schulhof herumgeschubst oder sogar an komische Orte gelockt. In der Schule behaupteten sie, das liege an ihrem seltsamen Benehmen, sie spreche zu leise und begrüße die anderen nicht. Diese Erklärung machte Gretas Familie sehr wütend. Niemand hat das Recht, zu einem Mitmenschen fies zu sein, erst recht nicht, weil jemand anders ist. Anders zu sein wird nur dann zum Problem, wenn die Leute nicht einsehen, dass alle Menschen verschieden sind.

WAS WIRKLICH WICHTIG IST

Greta weigerte sich, weiter zur Schule zu gehen, redete nur noch mit ihrer Familie und aß immer weniger. Innerhalb von zwei Monaten nahm sie fast zehn Kilo ab und hörte erst auf zu hungern, als sie ins Krankenhaus zu kommen drohte. Trotzdem konnte sie aufgrund ihrer Erkrankung nur bestimmte Lebensmittel essen, wie die Familie in ihrem Buch erzählt, unter anderem Reis, Avocado und Gnocchi. Das Buch heißt *Szenen aus dem Herzen* und handelt davon, was Nachhaltigkeit für jeden Einzelnen, für Familien und für die Erde bedeutet.

Als Greta zu guter Letzt wieder anfing zu reden, redete sie von der Klimakrise. Gretas Eltern hatten sich schon länger für Menschenrechte eingesetzt,

beispielsweise in der Flüchtlingskrise 2015, als sie einer ganzen Familie, die vor dem Krieg in Syrien geflüchtet war, in ihrem Sommerhaus eine Zuflucht anboten. An den Wochenenden trafen sie sich und probierten syrisches Essen, auch wenn Greta weiter nur bestimmte Nahrungsmittel zu sich nahm. Insgeheim jedoch hielt sie ihre Eltern für Heuchler, die den Klimawandel nicht ernst genug nahmen, wie Gretas Papa Svante mal in einem Interview erzählte. Ein Heuchler ist jemand, der einerseits etwas Gutes tut – zum Beispiel Flüchtlingen hilft, die nach Schweden gekommen sind –, gleichzeitig aber selbst zu der Verschlechterung beiträgt: indem er etwa ein Auto fährt, das Abgase produziert, die den Klimawandel befördern, der wiederum zu Naturkatastrophen führt und dazu, dass Menschen aus ihrer Heimat fliehen müssen.

Svante Thunberg und Tochter Greta beschäftigten sich schon seit mehreren Jahren gemeinsam mit Klimafragen. Svante hatte immer behauptet, dass schon alles gut gehen würde – dass diejenigen, die das Sagen hatten, alles im Griff hätten und wüssten, was sie tun. Doch irgendwann musste er zurückrudern.

Schließlich beschlossen er und Malena, Gretas Mutter, eine Opernsängerin, um Gretas willen ihre Lebensweise zu verändern und endlich selbst Teil einer Lösung des Klimaproblems zu werden.

Im Buch der Familie schreibt Greta:

Alle sind so daran gewöhnt, dass sich alles ihren eigenen Bedürfnissen anpasst. Die Menschen sind wie kleine, verwöhnte Kinder. Und mit uns Kindern wird gemeckert, weil wir angeblich faul und verwöhnt sind. Ich weiß, dass wir, die wir Asperger haben, nicht fähig sind, Ironie zu verstehen, weil es so in allen Beschreibungen steht, die irgendwelche alten Leute über Menschen wie mich verfasst haben. Und trotzdem glaube ich, dass man Ironie nicht viel besser beschreiben kann als damit.

Gretas Mama Malena Ernman beschloss, kein Flugzeug mehr zu besteigen. Erfolgreiche Opernsängerinnen wie Malena werden auf Jahre im Voraus für die größten Bühnen der Welt gebucht. Als Greta und ihre kleine Schwester Beata noch kleiner waren, reiste die Familie in einem fort rund um die Welt und wohnte immer dort, wo Mama Malena gerade singen sollte. Jetzt lehnte sie Engagements ab und nahm nur noch Musicalrollen in Schweden an. Die Familie kochte vegetarisch, schaltete jede unnötige Lampe im Haus ab und kaufte sich ein teures Elektroauto.

Als Malena und Svante anfingen, zusehends über Klimafragen zu diskutieren, dachte Greta erst, sie täten es nur, um ihrer Tochter den Rücken zu stärken. Später verriet sie, wann sie schlussendlich feststellte, dass das Engagement ihrer Eltern echt war: „Wahrscheinlich, als wir das Elektroauto gekauft haben. Weil das unfassbar teuer war.“

Inzwischen führte die ganze Familie ein anderes Leben. Der Kampf gegen den Klimawandel war zu ihrem gemeinsamen Interesse geworden.

SCHULSTREIK FÜRS KLIMA

Ende Mai 2018 dauerte es also noch etwas mehr als drei Monate bis zu den Wahlen und bis Schweden eine neue Regierung bekäme. In Schweden wird alle vier Jahre gewählt. Im Radio, im Fernsehen und in den Zeitungen beantworten Politiker vorher Fragen zu ihrer Politik. Bei einer Fernsehdebatte der Parteivorsitzenden wurde Greta plötzlich klar, dass sie dort Lügenmärchen erzählten: „Sie behaupteten, es wäre sinnlos, die Emissionswerte in Schweden zu senken, weil wir ach so ein Musterland seien, und dass wir stattdessen anderen Ländern helfen sollten, deren Ausstoß zu verringern.“

Dass ein Großteil der Waren, die die Schweden konsumierten, in anderen Ländern hergestellt wurde und der Kohlendioxidausstoß in Schweden nur deshalb niedriger ausfiel, ließen sie unter den Tisch fallen. Gleichzeitig war zum selben Zeitpunkt der ökologische Fußabdruck Schwedens der achtgrößte der Welt. Der ökologische Fußabdruck bemisst, wie viele Ressourcen der Erde ein bestimmtes Land pro Einwohner verbraucht. Und jetzt wurde Greta sauer. Da war man doch mit jemandem wie dem damaligen US-Präsidenten Donald Trump besser dran –

der sagte wenigstens ehrlich, dass ihm das Klima schnuppe war und dass er auf Klimaschutzabkommen pfiff. In Schweden taten alle so, als wäre ihnen das Thema wahnsinnig wichtig, aber dann leitete niemand ernsthaft wirksame Schritte ein.

Also verfasste Greta einen Artikel über das Klima und schickte ihn im Rahmen eines Schreibwettbewerbs für Kinder und Jugendliche an die Zeitung *Svenska Dagbladet*. In dem Artikel ging es darum, dass Erwachsene der Jugend die Zukunft raubten.

Wenn ich 100 Jahre alt werde, lebe ich bis zum Jahr 2103.
Wenn man heute über „die Zukunft" spricht, denkt man nicht weiter als bis zum Jahr 2050. Da habe ich bestenfalls nicht mal mein halbes Leben gelebt. Und was dann?

Im selben Sommer trat Greta in den Schulstreik. Vom ersten Tag an kamen Politiker, Reporter und Filmleute auf sie zu und fragten, warum sie dort sitze. Nach und nach gesellten sich andere Umweltaktivisten dazu, um Greta zu helfen, dabei brauchte Greta gar keine Hilfe. Sie kam wunderbar allein zurecht. Der Streik vor dem Reichstag wurde zu einem Wendepunkt in Gretas Leben. Sie, die zuvor nur mit wenigen Leuten gesprochen hatte, redete auf einmal mit allen über das Klima!

Immer mehr Jugendliche schlossen sich dem Schulstreik an, damit die Politiker und Wähler endlich verstanden, wie wichtig das Thema für die Zukunft war. Doch als die Wahl vorbei war, hatte die Arbeit gerade erst begonnen. Der Kampf ging weiter. Greta gründete „Fridays for Future": Mit ihren Mitschülerinnen und Mitschülern würde sie fortan jeden Freitag streiken, bis Schweden endlich das Pariser Klimaabkommen umgesetzt hätte: ein Übereinkommen, in dem sich die meisten Länder der Welt verpflichten ihre Treibhausgas-Emissionen zu verringern und andere Regionen zu unterstützen, die von den Folgen des Klimawandels betroffen waren. Die Reduzierung der Emissionen, die Schweden sich vorgenommen hatte, reichte bei Weitem nicht aus, um das Ziel zu erreichen, das im Pariser Abkommen festgelegt worden war.

In über 100 Ländern auf sämtlichen Kontinenten traten Schüler und Studenten in einen Schulstreik. Kinder und Jugendliche auf der ganzen Welt engagierten sich genau wie Greta. Sie organisierten Demonstrationen in ihren Heimatländern

und suchten das Gespräch mit dortigen Politikern. Im März 2019 demonstrierten an mehr als 2300 Orten in 135 Ländern der Welt weit über zwei Millionen. Greta Thunberg stand in Stockholm auf der Rednerbühne. „Wir stehen vor der größten Krise, mit der die Menschheit je konfrontiert war. Und trotzdem wird sie seit Jahrzehnten von all denen ignoriert, die darüber Bescheid wissen. Wir streiken, weil wir eine Zukunft wollen."

ZEiT FÜR PANIK

Den Erwachsenen an der Macht dämmerte allmählich, dass sie den Jugendlichen zuhören sollten. Greta erhielt plötzlich Einladungen überallhin: Sie traf Präsidenten und Premierminister, hielt Reden in Helsinki, London, bei einer Klimakonferenz in Polen und in zahlreichen anderen Ländern. Überallhin fuhr sie mit dem Zug oder zusammen mit Papa Svante im Elektroauto. Einmal im Jahr treffen sich in der Schweizer Stadt Davos die einflussreichsten Menschen der Welt, um über aktuelle Fragen zu diskutieren. Dorthin brauchte Greta mit dem Zug geschlagene 30 Stunden. Die Regierungsvertreter und Experten kamen nicht mit dem Zug, sie nahmen das Flugzeug. Während der Konferenz landeten sage und schreibe 1500 Privatjets auf den Flugplätzen rund um Davos.

Greta hielt nicht damit hinterm Berg, wie sie das fand: Es sei „irrsinnig", mit dem Flugzeug zu diesem Gipfel zu reisen – insbesondere wenn es sich um Leute handele, die mit den Ressourcen der Erde ein Vermögen verdienten. „Sie wussten schon immer genau, welche unschätzbaren Werte sie geopfert haben, nur um selbst weiter unvorstellbar viel Geld zu scheffeln. Und ich vermute mal, zu diesen Leuten gehören auch viele von Ihnen."

Im April 2019 sollte Greta als Gast im EU-Parlament sprechen, sozusagen dem Bundestag der Europäischen Union. Der Saal war voll besetzt. Draußen drängelten sich diejenigen, die keinen Platz mehr bekommen hatten. Die Erwachsenen waren gespannt und freuten sich darauf, Greta reden zu hören. Als sie den Plenarsaal betrat, wurde es mucksmäuschenstill. Und dann fing sie an: „Ich will, dass ihr handelt, als würde das Haus in Flammen stehen. Viele Politiker haben zu mir gesagt, dass Panik nichts bringt, und der Ansicht bin ich auch. Aber wenn das Haus brennt und man es behalten will, ist ein gewisses Maß an Panik erforderlich."

Nach der Rede bekam Greta tosenden Beifall.

Sie nahm sich ein Jahr von der Schule frei, um die Klimagipfel in New York und in Santiago de Chile zu besuchen – und zwar ohne dafür ein Flugzeug zu besteigen.

Doch wie sollte sie sonst den Atlantik überqueren? Die Lösung bestand in einer Sportjacht, die sie nach New York bringen sollte. Die Überfahrt dauerte 15 Tage. Ein Sportboot ist nicht besonders komfortabel: Man schläft in einer Hängematte, und es gibt kein Bad. Das Essen ist meist gefriergetrocknet. Um das Boot herum türmen sich hohe Wellen. Trotzdem hat Greta erzählt, wie sehr sie es genoss, an Deck zu sitzen und Stunde um Stunde dem Meer zuzusehen.

Als sie in New York ankam, war sie überwältigt, wie viele dort schon auf sie warteten, Beifall klatschten und sie als Leitfigur für die Klimabewegung bezeichneten – Junge wie Alte. Einige engagierten sich seit Langem in der Klimapolitik, für andere war Greta erst kürzlich zum Vorbild geworden. Sie selbst rückt lieber alle anderen ins Rampenlicht, die für die Sache gekämpft haben. Ihre Hochachtung gilt vor allem den jungen Menschen, die in der Nähe des Äquators leben: Sie sind am härtesten vom Klimawandel betroffen, dabei ist dessen Hauptursache der Konsum in der westlichen Welt.

In New York hielt Greta eine Rede, die in die ganze Welt übertragen wurde. Sie hatte eigentlich nicht vorgehabt, auf dem Podium im Hauptsitz der Vereinten Nationen so wütend und traurig zu werden, aber als sie all diese mächtigen Leute aus aller Herren Länder vor sich sah, nahm der Frust überhand. In einer der emotionalsten Reden, die dort je gehalten wurden, prangerte sie ihr Publikum an:

Das hier ist so verkehrt. Ich sollte nicht hier sein. Ich sollte auf der anderen Seite des Ozeans wieder zur Schule gehen. Trotzdem wollt ihr Hoffnung von uns Jugendlichen. Wie könnt ihr es wagen? Mit euren hohlen Phrasen habt ihr mir meine Träume und meine Kindheit gestohlen, dabei bin ich noch eine von den Glücklichen! Menschen leiden. Menschen sterben. Ganze Ökosysteme brechen zusammen. Wir stehen am Beginn eines Massensterbens, und ihr redet immer noch bloß über Geld und über das Märchen vom ewigen Wirtschaftswachstum. Wie könnt ihr es wagen? [...]
Ihr begeht einen Verrat an uns jungen Leuten, aber allmählich durchschauen wir euch. Die künftigen Generationen werden euch nicht mehr aus den Augen lassen, und wenn ihr uns weiter bewusst etwas vormacht, dann sage ich euch, dass wir euch das nie verzeihen werden.

Die Rede ließ niemanden kalt. Was die Verantwortung für diesen Planeten angehe, „hat meine Generation versagt", gestand UN-Generalsekretär António Guterres. Er sagte auch, dass es immer noch möglich sei, die Ziele zu erreichen und die Erderwärmung bei maximal 1,5 Grad zu stoppen. Allerdings erfordere dies ein radikales Umdenken in der Gesellschaft.

Der amtierende Präsident der USA, Donald Trump, reagierte bloß patzig. Nachdem er Greta in den Nachrichten gesehen hatte, nannte er sie in einem spöttischen Tweet „ein sehr glückliches junges Mädchen, das sich auf eine strahlende, wunderbare Zukunft freut", meinte aber in Wahrheit das genaue Gegenteil. Greta reagierte ihrerseits, indem sie ihre Twitter-Bio änderte und sich selbst statt als „Klimaaktivistin" als „sehr glückliches junges Mädchen" bezeichnete, „das sich auf eine strahlende, wunderbare Zukunft freut".

Jedem, der sich heutzutage für eine Sache starkmacht, schlägt Kritik und manchmal sogar Hass entgegen. Vor allem von erwachsenen Männern bekam Greta in sozialen Netzwerken viel Verachtung zu spüren: Sie sei nur eine Marionette von Erwachsenen, die in den Kulissen stünden. Sie sei gestört – und Kinder, die nicht zur Schule gingen, könnten vom Klima doch gar nichts verstehen. Aber statt sich einschüchtern zu lassen, schlug Greta zurück: „Ich gebe nur wieder, was die Wissenschaftler sagen." Dass viele auf sie wütend reagierten, kommentierte sie so:

Wenn man keine umfassenden Kenntnisse über die Klimakrise hat, dann mag das, was ich tue, völlig unbegreiflich wirken, und ich weiß ja, dass kaum jemand wirklich Ahnung in Klimafragen hat.

Gleichzeitig wurden Greta, ihr Engagement und das einer ganzen Jugendgeneration mit Lob überschüttet. Sowohl sie selbst als auch die Organisation „Fridays for Future“ wurden mit Ehrungen überhäuft. Greta wurde zur Frau des Jahres gewählt, zur Jungen Umweltheldin des Jahres und für den Friedensnobelpreis nominiert, um nur einige wenige Auszeichnungen zu nennen. Sämtliche Preisgelder flossen in die Arbeit für den Klimaschutz. Greta hat oft darauf hingewiesen, dass ihr Auszeichnungen eigentlich unwichtig sind; wichtig ist vielmehr, dass Menschen ihre Lebensweise zugunsten einer nachhaltigen Zukunft verändern. Als Greta Thunberg als erste Schwedin und als jüngste Person aller Zeiten von der berühmtesten Zeitschrift der USA, dem TIME Magazine, zur Person des Jahres gekürt wurde, sagte sie: „Wir können nicht leben, als gäbe es kein Morgen, weil es ein Morgen gibt.“

Irgendwann machte sich Greta auf den Heimweg nach Schweden. Sie segelte über den Atlantik bis Madrid, um an der Klimakonferenz teilzunehmen, die von Santiago de Chile dorthin verlegt worden war. Als sie ans Rednerpult trat, wurde sie umjubelt wie ein Popstar. Anschließend trat sie die lange Heimreise mit dem Zug an. Auf die Frage eines Journalisten, was sie am meisten an Schweden vermisst habe, antwortete sie: „Alles natürlich. Die Menschen dort. Meine Familie. Meine Schwester [...]. Und ich vermisse tatsächlich die Schule.“

Und schließlich waren Greta und Papa Svante zurück. Zurück bei Mama Malena, bei der kleinen Schwester Beata und bei den Hunden Moses und Roxy. Zurück, um wieder zur Schule zu gehen – oder genauer: um digital unterrichtet zu werden, denn im Frühling 2020 wurden aufgrund der Corona-Pandemie weiterführende Schulen in Schweden geschlossen. Die Corona-Pandemie war auch der Grund, warum die freitäglichen Klima-Demos von den Straßen der Welt ins Internet umziehen mussten. Greta kann der Pandemie sogar etwas Positives abgewinnen: Die Leute haben bewiesen, dass eine Veränderung im Alltagsverhalten möglich ist. Es ist möglich, weniger zu fliegen, weniger Auto zu fahren und weniger neue Sachen zu kaufen, die zum erhöhten Ausstoß von Kohlendioxid führen.

Greta und „Fridays for Future“ versuchen auch weiterhin, die Mächtigen der Welt von ihrem Anliegen zu überzeugen, um die Klimakatastrophe abzuwenden.

Panik ist immer noch angebracht.

Uns läuft allmählich die Zeit davon.

Aber noch ist es nicht zu spät.

Was ihr jetzt tut und was ihr nicht tut, hat Auswirkungen auf mein Leben und auf das meiner Kinder und Enkelkinder. Womöglich fragen sie eines Tages, warum ihr nichts unternommen habt und warum diejenigen, die doch Bescheid wussten und etwas hätten sagen können, den Mund gehalten haben.

GRETA THUNBERG IM SVENSKA DAGBLADET, 30. MAI 2018 ◆

QUELLENVERZEICHNIS UND LESETIPPS

JUANA INÉS DE LA CRUZ

BUCH

Nichts Freieres gibt es auf Erden. Gedichte von Sor Juana Inés de la Cruz. Eingeleitet und übertragen von Heidi König-Porstner. konkursbuch Verlag Claudia Gehrke 2017

BUCH

Sor Juana Inés de la Cruz: Die Antwort an Schwester Philothea. Aus dem Spanischen von Hildegard Heredia. Verlag Neue Kritik, 1991

BUCH

Sor Juana Inés de la Cruz: Religion, Art, and Feminism von Pamela Kirk Rappaport. Continuum International Publishing Group, 1998

EINTRAG

Metzler Autorinnen Lexikon
link.springer.com/chapter/10.1007/978-3-476-03702-2_78 (von Erna Pfeiffer)

HÖRFUNK-SENDUNG

„Die mexikanische Gelehrte Sor Juana Inés de la Cruz" (von Imogen Rhia Herrad, 6.5.2016)
swr.de/swr2/literatur/broadcastcontrib-swr-15304.html

LOUIS BRAILLE

BUCH

Louis Braille: Der Junge, der die Blindenschrift erfand von Margaret Davidson. Deutsch von André Dahan. Verlag an der Este, 1994

BUCH

Six Dots: A Story of Young Louis Braille von Jen Bryant. Alfred A. Knopf Books for Young Readers, 2016

ARTIKEL

„Louis Braille: Der Junge, der die Blindenschrift erfand" (von Lucas Riemer, GEOlino extra Nr. 73/2018)
geo.de/geolino/mensch/20773-rtkl-louis-braille-der-junge-der-die-blindenschrift-erfand

ARTIKEL MIT FOTOSTRECKE

„Punktlandung. Blindenschrift-Erfinder Louis Braille" (von Katja Iken, 4.1.2015)
spiegel.de/geschichte/blindenschrift-erfinder-louis-braille-punktlandung-a-1008693.html

VIDEO

„Meilensteine der Naturwissenschaft und Technik – Louis Braille und die Blindenschrift" (ARD Schulfernsehen, 2005)

MARGARET E. KNIGHT

WEBSEITE

Margaret Knight in Zzzebra – Das Web-Magazin für Kinder
labbe.de/zzzebra/index.asp?themaid=386&titelid=2649

ARTIKEL

„Die Geschichte einer Alleskönnerin" (von Frederica Tsirakidou, 12.7.2019)
zwischenbetrachtung.de/2019/07/12/pack-das-bier-ins-papier-die-geschichte-einer-alleskoennerin/

FILM

„Margaret E. Knight, Inventor", 16.12.2013
youtube.com/watch?v=M3-lgR2EHUc

ARTIKEL

wednesdayswomen.com/margaret-knight-the-flat-bottomed-bag-lady/

ANNE FRANK

BUCH

Anne Frank Tagebuch. Übersetzt und editiert von Mirjam Pressler (Version d, in Überarbeitung der Fassung von Otto H. Frank). S. Fischer Verlag 1988 (29. Auflage)

WEBSEITE

Anne Frank Museum: annefrank.org/de/

WEBSEITE

Anne Frank Zentrum: annefrank.de

FILM

Das Tagebuch der Anne Frank (Drama von Hans Steinbichler, 2016)

GLORIA RAY KARLMARK

ARTIKEL

„Little Rock Nine: Mut gegen Wut" (von Sandra Ketterer, 22.9.2011)
spiegel.de/geschichte/little-rock-nine-a-947337.html

HÖRFUNK-BEITRAG

„02.09.1957 – Beginn des Rassenkonflikts in Little Rock" (von Julia Schäfer, 2.9.2017)
www1.wdr.de/radio/wdr5/sendungen/zeitzeichen/rassenkonflikt-100.html

LIONEL MESSI

BUCH

Messi von Guillem Balague. Deutsch von Isabel von Bülow und Ronit Jariv. Edel, 2014

BUCH

Messi: Der Weg zur Legende von Luca Caioli. Übersetzt von Markus Montz. Verlag Die Werkstatt, 2019

FILM

Messi (Dokumentarfilm von Álex de la Iglesia, 2015)

VIDEO
„Messi: Karriere-Stationen eines Genies" (von SPORT1 History, 5.9.2020)
sport1.de/tv-video/video/sport1-history-ueber-die-15-jahre-andauernde-karriere-von-lionel-messi__6Aa_XWZx9SiwXU016HOAvhZZyiuSPLry/tag/FC%20 Barcelona?jwsource=cl

NKOSI JOHNSON

WEBSEITE
Nkosi's Haven, nkosishaven.org

REDE
Rede beim UN-Aids-Gipfel in Durban 2001
news24.com/News24/Nkosis-speech-to-Durban-Aids-conference-20010601

ARTIKEL
„Habt keine Angst vor uns. Wir sind alle gleich!" (von Axel Schock, 1.6.2016)
magazin.hiv/2016/06/01/habt-keine-angst-vor-uns-wir-sind-alle-gleich/

BUCH
Nkosi's Story von Jane Fox. Spearhead Press, Kapstadt 2002

MALALA YOUSAFZAI

BUCH
Ich bin Malala. Das Mädchen, das die Taliban erschießen wollten, weil es für das Recht auf Bildung kämpft von Malala Yousafzai und Christina Lamb. Deutsch von Elisabeth Liebl. Droemer, 2013

FILM
Malala – Ihr Recht auf Bildung (Dokumentarfilm von Davis Guggenheim, 2015)

WEBSEITE
malala.org

ARTIKEL
„Malala Yousafzai – im Ausland geliebt, zu Hause verleumdet" (von Shamil Shams, 31.3.2018)
dw.com/de/malala-yousafzai-im-ausland-geliebt-zu-hause-verleumdet/a-43207812

ARTIKEL
„Kinderrechtler Malala und Satyarthi ausgezeichnet" (von afp/dpa, 10.10.2014)
fr.de/panorama/kinderrechtler-malala-satyarthi-ausgezeichnet-11165270.html

BOYAN SLAT

WEBSEITE
boyanslat.com

WEBSEITE
theoceancleanup.com

ARTIKEL
„Bitte mal aufräumen" (von Martin Schlak in der Freitag, 40/2014)
freitag.de/autoren/martin-schlak/bitte-mal-aufraeumen

ARTIKEL
„Alles muss raus" (von Lorenz Wagner, 22.1.2015)
sz-magazin.sueddeutsche.de/wissen/alles-muss-raus-80926

VIDEO
„How the oceans can clean themselves" (TED Talk 2012)
ed.ted.com/on/WG6PwQob

EASTON LACHAPPELLE

ARTIKEL
„Fokussierte Gedanken lassen Roboterarm fest zugreifen" (von Werner Pluta, 5.6.2015)
golem.de/news/easton-lachappelle-fokussierte-gedanken-lassen-roboterarm-fest-zugreifen-1506-114489.html

VIDEO
„3D Printing in Animatronics: Easton LaChappelle at TEDxMileHigh"
youtube.com/watch?v=CfmNXPMjChs

VIDEO-REIHE ÜBER EASTON UND MOMO
„Meet Easton": youtube.com/watch?v=zOyTflNqTiE
„Meet Momo": youtube.com/watch?v=IEM3jjLX1_k
„Easton and Momo meet": youtube.com/watch?v=j9_YkF5Rcv4

EASTONS YOUTUBE CHANNEL
youtube.com/user/HalfFullEffects/videos
Eastons erste Roboterhand, 2011
youtube.com/watch?v=ZYKoNi48m90

RICHARD TURERE

VIDEO
„Richard Turere: Ein Friedensvertrag mit … Löwen"
ted.com/talks/richard_turere_my_invention_that_made_peace_with_lions?language=de

MUZOON ALMELLEHAN

ARTIKEL
„UNICEF-Botschafterin Muzoon: Bildung bedeutet Hoffnung und Stabilität" (von Jenifer Stolz, 18.7.2017)
unicef.de/informieren/aktuelles/blog/2017/weltfluechtlingstag-muzoon-wird-unicef-botschafterin/144160

INTERVIEW
„Muzoon Almellehan: Die jüngste UNICEF-Botschafterin im Interview" (von Verena Linde, 6.10.2020)
unicef.de/informieren/aktuelles/blog/geolino-interview-muzoon-juengste-unicef-botschafterin/227500

VIDEO
Tedx Talk: „The Future of Syria Depends on One Thing", 28.8.2017
tedxteen.com/talks/the-future-of-syria-depends-on-one-thing-muzoon-rakan-almellehan?rq=muzoon

ARTIKEL
From Syria to Today (von Muzoon Almellehan, 22.12.2015)
blog.malala.org/from-syria-to-today-a06a74d5cfac

MELATI & ISABEL WIJSEN

WEBSEITE
byebyeplasticbags.org

ARTIKEL
„Sie ist die ‚Greta Thunberg Asiens': Dank Isabel Wijsen gibt es auf Bali bald keine Plastiksäcke mehr" (von Kathrin Klette, 4.5.2019)
nzz.ch/panorama/bali-isabel-und-melati-wijsen-kaempfen-gegen-plastiktueten-nzz-ld.1478951

VIDEO
„Wie wir mit unserer Kampagne Plastiktüten von Bali verbannen" (TED Talk)
ted.com/talks/melati_and_isabel_wijsen_our_campaign_to_ban_plastic_bags_in_bali?language=de+

ARTIKEL
„Indonesia pledges $1bn a year to curb ocean waste" (von Johnny Langenheim, 2.3.2017)
theguardian.com/environment/the-coral-triangle/2017/mar/02/indonesia-pledges-us1-billion-a-year-to-curb-ocean-waste

COY MATHIS

ARTIKEL
„Transgender-Mädchen darf wieder auf Schultoilette" (von Michael Remke, 26.6.2013)
welt.de/vermischtes/weltgeschehen/article117463386/Transgender-Maedchen-darf-wieder-auf-Schultoilette.html

FILM
Growing Up Coy (Dokumentarfilm von Eric Juhola, 2016)
Trailer auf: growingupcoy.com

WEBSEITE
Trans-Kinder-Netz
trans-kinder-netz.de

LIAM HANNON

WEBSEITE
liamslove.com

VIDEO
Gofundme.com: „This Boston Organization Gives Lunches of Love To Boston Homeless People"
youtube.com/watch?v=WrI1jLjHcPk&t=37s

VIDEO
James und Liam begrüßen einander
youtube.com/watch?v=oA7UlrLxe98

VIDEO
edition.cnn.com/videos/us/2018/12/11/heroes-yw-liam-web.cnn/video/playlists/young-wonders/

GRETA THUNBERG

BUCH
Szenen aus dem Herzen von Beata und Malena Ernman, Greta und Svante Thunberg. Deutsch von Ulla Ackermann, Gesa Kunter und Stefan Pluschkat. S. Fischer, Frankfurt am Main 2019

BUCH
Ich will, dass ihr in Panik geratet. Meine Reden zum Klimaschutz von Greta Thunberg. Deutsch von Ulrike Bischoff. Fischer Taschenbuch, Frankfurt am Main 2019

WEBSEITE
Fridays for Future
fridaysforfuture.de

VIDEO
„Greta Thunbergs ganze Rede beim UN-Klimagipfel"
youtube.com/watch?v=SfCUcDAlSKk

ARTIKEL
„TIME 2019 Person of the year" (von Charlotte Alter, Suyin Haynes und Justin Worland im TIME Magazine)
time.com/person-of-the-year-2019-greta-thunberg/

VIDEO
„Ein eindringlicher Appell, schnellstens gegen den Klimawandel vorzugehen" (TED Talk)
ted.com/talks/greta_thunberg_the_disarming_case_to_act_right_now_on_climate_change?language=de

FILM
Ich bin Greta (Dokumentarfilm von Nathan Grossman, 2020)

EIN BUCH DER EDITION MICHAEL FISCHER

1. Auflage

Titel der Originalausgabe: Barn som förändrat världen
Deutsche Lizenz vermittelt durch Bonnier Rights, Stockholm, Schweden
Covergestaltung: Sonja Bauernfeind, unter Verwendung einer Vorlage von Beata Boucht
Redaktion und Lektorat: Christiane Manz
Bilder: Alle Illustrationen von Beata Boucht
Satz: Michaela Zander
Gedruckt bei Polygraf Print, Čapajevova 44, 08001 Prešov, Slowakei

ISBN 978-3-7459-0521-2

www.emf-verlag.de